受浙江大学文科高水平学术著作出版基金资助

————————

本书为浙江大学金融研究院"行走于真实财经世界"研究成果之一

数字社会科学丛书编委会

—————————

总顾问

吴朝晖　中国科学院副院长、院士

主　编

黄先海　浙江大学副校长、教授

编　委

魏　江　浙江财经大学党委副书记、副校长（主持行政工作）、教授

周江洪　浙江大学副校长、教授

胡　铭　浙江大学光华法学院院长、教授

韦　路　浙江传媒学院党委副书记、副院长（主持行政工作）、教授

张蔚文　浙江大学公共管理学院副院长、教授

马述忠　浙江大学中国数字贸易研究院院长、教授

汪淼军　浙江大学经济学院中国数字经济研究中心主任、教授

"十四五"时期国家重点出版物出版专项规划项目

数字社会科学丛书

国家出版基金项目
NATIONAL PUBLICATION FOUNDATION

王义中 等著

改变与重构

数字金融

Digital Finance
Change and Restructuring

Zhejiang University Press
浙江大学出版社
·杭州·

图书在版编目（CIP）数据

数字金融：改变与重构 / 王义中等著. — 杭州：
浙江大学出版社，2024.6
　ISBN 978-7-308-24782-5

　Ⅰ．①数… Ⅱ．①王… Ⅲ．①数字技术－应用－金融
业－研究－中国 Ⅳ．①F832-39

　中国国家版本馆CIP数据核字(2024)第067921号

数字金融：改变与重构
SHUZI JINRONG: GAIBIAN YU CHONGGOU

王义中　等著

策划编辑	张　琛　吴伟伟　陈佩钰	
责任编辑	陈逸行　吴伟伟	
文字编辑	韩盼颖	
责任校对	汪　潇	
封面设计	浙信文化	
出版发行	浙江大学出版社	
	（杭州市天目山路148号　　邮政编码　310007）	
	（网址：http://www.zjupress.com）	
排　　版	杭州林智广告有限公司	
印　　刷	杭州宏雅印刷有限公司	
开　　本	710mm×1000mm　1/16	
印　　张	13.25	
字　　数	163千	
版 印 次	2024年6月第1版　2024年6月第1次印刷	
书　　号	ISBN 978-7-308-24782-5	
定　　价	88.00元	

总　序

在这个面临百年未有之大变局的时代，在这个数字技术席卷全球的时代，在这个中国面临伟大转型的时代，以习近平同志为核心的党中央放眼未来，在数字经济、数字治理、数字社会等方面做出重大战略部署。《中华人民共和国国民经济和社会发展第十四个五年规划和 2035 年远景目标纲要》第五篇"加快数字化发展　建设数字中国"强调，"迎接数字时代，激活数据要素潜能，推进网络强国建设，加快建设数字经济、数字社会、数字政府，以数字化转型整体驱动生产方式、生活方式和治理方式变革"。2021 年 10 月，在中共中央政治局第三十四次集体学习之际，习近平总书记强调："数字经济发展速度之快、辐射范围之广、影响程度之深前所未有，正在成为重组全球要素资源、重塑全球经济结构、改变全球竞争格局的关键力量。"①

随着数字技术的不断发展和数字化改革的不断深入，数字经济已经成为驱动经济增长的关键引擎，数字技术正逐步成为推动国家战略、完善社

---

① 把握数字经济发展趋势和规律　推动我国数字经济健康发展[N].人民日报，2021-10-20（1）.

会治理、满足人们美好需要的重要手段和工具。但与此同时，社会科学的理论严重滞后于数字化的伟大实践，面临着前所未有的挑战。无论是基本理论、基本认知，还是基本方法，都面临深层次重构，亟须重新认识社会科学的系统论、认识论和方法论，对新发展阶段、新发展理念和新发展格局有深刻的洞察。

浙江大学顺应全球科技创新趋势和国家创新战略需求，以"创建数字社科前沿理论，推动中国数字化伟大转型"为使命，启动数字社会科学会聚研究计划（简称"数字社科计划"）。"数字社科计划"将以中国数字化转型的伟大实践为背景，以经济学、管理学、公共管理学、法学、新闻传播学等学科为基础，以计算机和数学等学科为支撑，通过学科数字化和数字学科化，实现社会科学研究对象、研究方法和研究范式的数字化变革。"数字社科计划"聚焦数字经济、数字创新、数字治理、数字法治、数字传媒五大板块。数字经济和数字创新将关注数字世界的经济基础，研究数字世界的经济规律和创新规律；数字治理和数字法治关注数字世界的制度基础，研究数字世界的治理规律；数字传媒关注数字世界的社会文化基础，研究数字世界的传播规律。在此基础上，"数字社科计划"将推动数字科学与多学科交叉融合，促进新文科的全面发展，构建世界顶尖的数字社会科学体系，打造浙江大学数字社科学派，推动中国数字化的伟大转型。

依托"数字社科计划"，集结浙江大学社会科学各学科力量，广泛联合国内其他相关研究机构，我们组织编撰出版了这套数字社会科学丛书。以"数字＋经济""数字＋创新""数字＋治理""数字＋法治""数字＋传媒"等为主要研究领域，将优秀研究成果结集出版，致力于填补数字与社会科学跨学科研究的空白；同时，结合数字实践经验，为当前我国数字赋能高质量发展提供政策建议，向世界展示中国在"数字赋能"各领域的探索与实践。

　　本丛书可作为国内系统性构建数字社会科学学科研究范式的一次开拓性的有益尝试。我们希望通过这套丛书的出版，能更好地在数字技术与社会科学之间架起一座相互学习、相互理解、相互交融的桥梁，从而在一个更前沿、更完整的视野中理解数字经济时代社会科学的发展趋势。

黄先海

2022 年 4 月

数字金融的未来

现实生活中，每个人都会接触金融，从个人的存贷款、理财，大街小巷分布的商业银行、证券公司等分支机构，到电视里、网络上充斥的各类财经新闻，金融似乎无处不在。金融好像"万金油"，各行各业离不开金融，你我他离不开金融。金融业是一个规模庞大的行业，无论是资产总额，还是从业人数，都名列前茅。金融业是一个非常重要的行业，"金融是现代经济的核心""金融是国民经济的血脉""金融是国家重要的核心竞争力"，足见金融业的重要地位。不仅如此，有些国家甚至在高中阶段设置了与金融专业相关的课程，培养学生的"财商"。

金融业经常会冒出"新鲜词"，与"金融"关联的术语实在是太多。普惠金融、绿色金融、科创金融、供应链金融、公司金融、科技金融、开放金融、小微金融、产业金融、消费金融、农村金融、养老金融、贸易金融、个人金融、家庭金融……若继续写下去，此页估计很难承载了。

金融业汇聚了整个社会的资金流，并对资金或资源实行跨期配置，所以只要有涉及资金流通和交易的最新技术，例如资产管理机构的资产配置系统，金融机构肯定会选择及时使用。金融业是一个有经营风险的行业，商业银行承担发放的贷款无法回收的风险，资产管理机构承担购买的资产价格下跌的风险。因此金融业不仅需要预测风险、管理风险，更需要合理地为风险定价。金融业是一个对信息极其敏感的行业，商业银行对企业信息的掌握程度决定了其风控的好坏，中央银行宣布降低利率的信息可能会被股票市场解读为利好，上市公司突然发布一条提高产品价格的信息可能导致其股价大幅度上涨。为促使信息更有效传播并加快流通，金融业积极"尝鲜"最新的数字技术。当然，最有可能的原因其实是金融业"有钱"，金融业掌握着全社会的存量资金，能够吸纳更多研发人员或购买最新技术。

何谓数字金融

依托于通信网络的发展，实务领域出现了大量生物识别、物联网、人工智能、区块链、云计算、大数据等领域的数字技术公司。所谓数字金融是将互联网、人工智能、区块链、大数据等数字技术应用到金融行业而产生新产品、新服务和新业态，以及银行、保险公司等传统金融机构将数字技术运用于流程改造、产品创新和组织管理等。[①] 金融业涉及三个核心命题：信息不对称、资金或资源跨期配置和风险管理。数字技术围绕这三个核心命题被应用于金融业：将区块链技术应用于供应链环节，确保了信息的真实性，金融机构相对上下游企业的信息不对称有所缓解；云计算等基

① 王义中，金雪军.中国数字金融研究报告（2018）[M].北京：中国财政经济出版社，2018.

础设施的应用促进了资金配置效率的提高；将人工智能应用于风险识别、预警和控制，可以提升金融风险管理水平。

根据图 0-1，将互联网技术^①应用于资金借贷，产生了众筹、网络借贷等新业态。将区块链技术应用于供应链环节，产生了区块链供应链金融；将区块链技术应用于货币发行，产生了数字货币等。将大数据技术应用于金融产品的风险识别和预警，产生了实时、动态和智能风控。将人工智能技术应用于股票市场交易，产生了量化投资、智能和高频交易等。商业银行运用大数据等技术，通过手机发放信用贷款。当然，同一项数字技术不只是针对某一个应用场景，在很多场景中都会有应用。例如，互联网征信不仅需要互联网技术，更需要大数据技术。

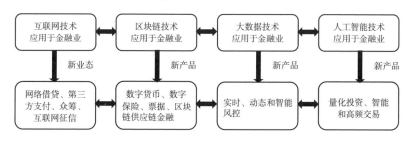

图 0-1　数字技术应用于金融业的不同方面

所谓数字技术，就是将图像、声音、文字等数据转化为计算机能够识别的二进制数字"0"和"1"，然后再进行存储、计算和分析等。王坚在《在线》中写道："数据本没有价值，就像你留在地上的脚印，直到你有计算能力去处理才会产生价值。"^②其实，数字化、自动化和智能化一直伴随着制造

---

① 互联网技术主要涉及三个方面，其中底层架构包括服务器、IP 地址分配、域名等，硬件是指数据存储、处理和传输的主机和网络通信设备，软件包含用于检索、存储、分析和应用信息的各种程序。

② 王坚. 在线 [M]. 北京：中信出版社，2016.

业成长。自动化主要适用于重复、机械性的工作，而数字化和智能化强调与环境的交互和反应能力。智能化机器可能具有学习能力，能够根据环境的变化自我调整。目前，数字经济和数字金融之所以引起重视，是因为互联网和手机移动终端积累了庞大的数据，依靠大数据能够分析客户行为（所谓的客户画像）、预测行为模式、识别和预警风险等。图 0-2 展示了数字技术应用于金融行业后，将信息转化成新业务和新产品的过程。

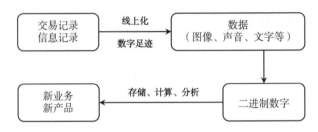

图 0-2　数字技术将交易记录、信息记录转化成新业务和新产品的过程

金融科技与数字金融

自 2012 年开始，国内"互联网金融"异常火热，网络借贷、第三方支付、众筹和互联网征信等新业态不断闪耀在实务界。实务界金融科技中的"科技"，主要指互联网技术、区块链技术、大数据技术和人工智能技术等数字技术。目前来看，大多数纯计算机的数字技术公司结合金融需求，将数字技术输出给金融机构。然而，因为金融业自身没有科技，例如，区块链技术不仅用于金融业，也可以用于农业等领域，大数据技术、生物识别技术已经用于各行各业，所以数字金融侧重于将金融科技应用于金融业的

各个领域并产生新产品、新服务和新业态。[①] 因此，如图 0-3 所示，金融科技类似于方法和工具，而新金融主要指金融业态和产品。将金融科技（方法和工具）应用于新金融领域（业态和产品），产生了所谓的互联网金融、智能金融、大数据金融和区块链金融等。不过图 0-3 中没有体现的是，如果按照数字技术在不同金融子行业的应用划分，则会有数字银行、数字保险、数字资产管理、数字普惠金融等。

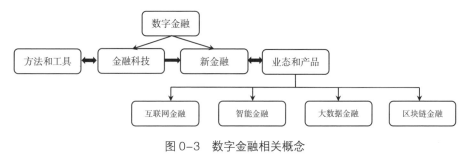

图 0-3　数字金融相关概念

金融科技与数字化转型

现实中，谈论金融科技与数字化转型的话题比较多，有将两者合二为一等同的，也有将两者严格区分开的。实际上，**所谓金融科技就是数字技术**，只不过是用于金融行业的数字技术。任何技术进步都涉及研发投入（R&D）和创新产出（专利），只有投入了，才会有产出。金融科技是一种"投入"，类似于研发投入（R&D），即金融机构投入多少人力、物力和资金

---

①　例如，2018 年美国国家经济研究局（NBER）有篇工作论文题为《用机器学习方法为公司选董事》（"Selecting directors using machine learning"）。2018 年，另一篇 NBER 的工作论文《基于机器学习的实证资产定价》（"Empirical asset pricing via machine learning"）将机器学习方法用于资产定价模型，已经在学术界产生了不小的影响。

等，用于推动数字技术进步以及用于推动金融业务、组织和管理创新。然而，**数字化转型是一种"结果"**，类似于创新产出（专利），即数字技术应用于金融业（或金融科技的投入），使得机构对内的业务流程、组织体系和风险管理等，以及对外的客户运维、场景生态和服务等实现了数字化，交易速度得到了提升，运营效率得到了提高。所以，若谈论到"商业银行的数字化转型"，一般是指商业银行投入金融科技或数字技术，实现了业务和管理等的数字化。

数字技术赋能金融行业的价值

如果从历史和文献的角度看，"技术进步究竟是如何提升金融业效率和社会福利的"这一问题，并没有得到有效回答。技术进步能否解决金融业的信息不对称问题？实际上，纯粹的数字技术可能只会赋能金融机构系统运行，而基于大数据或多维数据来源的数字技术才能真正赋能金融机构的业务。因此，只强调数字技术而忽略数据要素的数字金融是不可持续的。然而，从现实中能够直观地观察到，**数字技术应用于金融业既使获取的信息维度更加丰富，真实性提高，信息不对称有所缓解，风险画像和管控更加高效精准，提供金融服务的精确度和便利度大幅度提高，又使信息传播的速度明显加快，执行交易的速度大幅度提升。因此，金融机构的运营效率也明显提升，监管有效性大大提高，最终使得社会整体效率和社会福利显著提升**（见图0-4）。举个简单的例子，10年前到商业银行办一笔20万元的纯信用贷款，你需要带上身份证到商业银行的分支机构（商业银行担心你是"骗子"），签各种你不是很关心的文件（你只想尽快拿到钱），按下

"无数"个手印（事后花好几天才能洗干净），最终可能需要花费一天时间。现如今，在手机上操作只需要五分钟就可以拿下同样金额的贷款，且资金流向有数字足迹（千万别转到股票账户）。正因为数字技术的应用，个人节省了大量的时间，被商业银行当面"审查"的心理成本降为零，你可以有更多的休闲时间，也可以有更多的时间从事生产性活动。

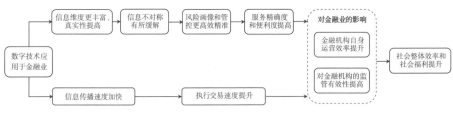

图 0-4　数字技术应用于金融业的效果

数字金融人才培养[①]

金融学术界的主要研究领域包括宏观金融、公司金融、资产定价、行为金融、数字金融、家庭金融、普惠金融、绿色金融、金融计量、金融史等。支撑一个学科或研究方向最重要的是实证研究方法。例如，**宏观金融**的研究对象主要为金融机构（含中央银行、商业银行、证券、保险、信托、融资租赁等）、国际金融、货币、汇率、货币政策和财政政策等，主要涉及时间序列数据，主要研究方法为单位根检验、协整分析、误差修正模型、自回归滑动平均模型（ARMA）、自回归条件异方差模型（GARCH）、向量自回归模型（VAR）等；**公司金融**主要以公司和公司管理者为研究对象，

---

① 此处仅代表个人观点，不当之处请批评指正。作者多次参加不同院校组织的"金融"或"金融科技"学科建设研讨会，得到了许多启发，获得了许多真知灼见，在此一并感谢。

探讨公司投融资、公司治理、公司估值、公司创新、公司管理者行为等问题，主要涉及面板数据，主要研究方法包括缩尾处理、描述性统计和相关性分析、普通最小二乘法（OLS）、内生性问题处理（两阶段最小二乘法、两阶段选择模型）、倾向评分匹配（PSM）、双重差分（DID）、广义矩估计（GMM）等；**资产定价**以金融市场、公司为研究对象，涉及时间序列和横截面数据，主要研究方法为时间序列模型、因子模拟组合法和法玛-麦克白（Fama-Macbeth）回归检验法等；**行为金融**以个体为研究对象，探讨个人投资者行为及其偏差，主要研究方法是借助实验手段获得数据，用计量模型进行实证分析；**数字金融**以新金融领域（网络借贷、第三方支付、众筹、互联网征信、数字货币、大数据风控、量化投资等）为研究对象，主要使用大数据分析方法，包括监督机器学习算法（决策树、随机森林、人工神经网络等）和无监督学习算法（聚类分析等）。

目前的现实是，大部分具备计算机数字技术和数理知识的人才，缺乏金融直觉、逻辑和思维；而金融专业的学生，又可能缺少计算机知识和更深的数理知识。因此，需要把金融、计算机、数学三个专业有机结合起来。若要在金融专业培养数字金融人才，则在培养模式上，应重视金融、计算机和数学等基础知识模块，注重让学生掌握金融专业基础知识和理论，教授计算机技术和数理知识等研究工具和方法。核心课程可以包括数字金融学、大数据金融、金融计量学、Python、人工智能经济学、资产定价、量化投资、金融风险管理等。学生未来的就业方向可能为金融科技公司、量化投资公司和大数据金融公司等。

因为数字金融的研究方法不同于金融研究领域中的其他研究方向，所以是金融学的另一个研究方向。然而，长期来看，金融专业已经足够大了，没有太大必要把数字金融作为一个学科或专业与金融专业并列，只需要对现有金融学课程进行改革，重点是增加大数据分析等方法类课程。另外一种方式是在计算机专业设置金融科技方向，使计算机专业的学生了解和熟悉基础金融知识，形成一定的金融思维，有可能会产生更好的效果。

数字金融的未来

科技是科学（science）和技术（technology）的合称，科学是发现自然规律，技术是对改造世界有用的发明。技术是科学与实践之间的桥梁和工具。英文单词"FinTech"（Fin+Tech）被翻译为"金融科技"，实际上是"金融技术"，即用数字技术赋能金融业。金融业自身没有科技，"金融科技"只是方法或工具而已。数字技术应用于金融业，提高了交易速度和效率，是对原有金融业态的补充。

一个行业的存在是为了满足其他行业或人类的需求。从人类科技发展史看，只要需求不变，新技术的使用就不会颠覆该行业，只会使得该行业越来越好，效率和生产力越来越高，或者使得该行业以其他形式存在，需求被更好更快地满足。

因此，颠覆金融商业模式的前提是行业或人类的需求消失。数字金融无法使得行业或人类的金融需求（例如资金管理需求、资金交易需求等）消失，先进技术的使用会推动行业或人类需求升级。数字金融无法完全取代人的经验（例如投资经验），只是对人的经验的补充。现今的大数据、人工智能、区块链等技术，或许在若干年后也只是过渡性技术，会有更加先进的技术促进金融业更快、更好地发展。

DIGITAL FINANCE **目 录**

| 第一部分 |
数字技术赋能金融行业

|第二部分|
传统金融机构的数字化转型

| 第三部分 |
纯线上金融服务

| 第四部分 |
政府主导的数字金融服务

| 第一部分 |

数字技术赋能金融行业

以大数据、云计算、区块链和人工智能为代表的数字技术的兴起催生了一批新的企业——数字技术公司。它们为传统金融机构提供底层技术平台、后台交易系统和风险防控技术等，帮助传统金融机构将数字技术引入具体的金融业务场景中。此外，金融行业对于信息收集、传播和处理有较高的要求，也因此催生了一批提供行情显示、分析和交易服务的金融信息服务商。同时数字技术的进步也推动着许多公司为金融行业提供更加稳定高效的交易系统和信息服务。通过提供技术服务、行情信息和交易系统，数字技术公司和金融信息服务商构成了"金融大厦"的坚实地基。

本部分从数字技术公司和金融信息服务商的视角切入，通过对行业内共通做法的梳理和典型企业案例的分析，揭示数字技术如何与金融业务相结合，为何能在金融服务中产生价值，进而赋能整个金融行业。

第 1 章

数字技术公司赋能金融行业

科学是对自然规律的研究和发现，而技术是利用科学知识和创新的方式以改造和应用于现实世界的发明。两者相互交织、相互促进，共同推动了人类社会的进步和发展。[①]数字技术起源于 20 世纪 30 年代，图灵机概念的提出为计算机科学和数字技术的进步奠定了基石。随后，晶体管和集成电路的发明和应用推动了计算机科学的发展，使得计算机逐渐演变为小巧高效的设备。20 世纪 70 年代至 90 年代，个人计算机（PC）的兴起使数字技术在家庭和办公场所普及，而互联网的普及进一步推动了数字技术的全球化和网络化。21 世纪初，智能手机和移动设备的普及引领了数字技术进入移动计算时代，促进了移动应用和移动商务等领域的发展。近年来，人工智能、区块链和云计算等领域的突破以及大数据的广泛应用，重塑了数

---

① 吴军 . 全球科技通史 [M]. 北京：中信出版社，2019.

字技术体系，同时也改变了金融行业的运作模式和服务效率，创造出更加便捷、安全和普惠的金融环境。

代表性数字技术公司

随着人工智能等数字技术的快速发展，实务领域迎来了一批积极利用数字技术解决传统金融业务痛点的公司（见表 1-1）。这些代表性公司通过为金融机构提供综合的数字化产品和服务，推动金融行业创新发展。

表 1-1　全球代表性数字技术公司

公司名称	国家	市值/美元	研发投入/美元	主要数字技术与专利
微软	美国	2.75 万亿	272 亿	Windows 系统、云计算平台 Azure 等
甲骨文	美国	3097 亿	86 亿	管理运维工具 Oracle Enterprise Manager、云数据工具 Oracle Cloud Infrastructure 等
IBM	美国	1361 亿	66 亿	云计算平台 IBM Cloud、AI 与数据平台 IBM Watsonx、AI 存储平台 IBM Storage 等
谷歌	美国	1.67 万亿	395 亿	云计算平台谷歌云、谷歌大数据（GFS、MapReduce、BigTable）等
亚马逊	美国	1.48 万亿	732 亿	云中的虚拟服务器 Amazon EC2、托管区块链 Amazon Managed Blockchain 等
脸书	美国	8449 亿	353 亿	大数据仓库工具 Hive、SQL 查询引擎 Presto 等
腾讯	中国	3715 亿	614 亿	云计算平台腾讯云、自动驾驶仿真测试平台 TAD Sim、游戏科技等
阿里巴巴	中国	2105 亿	567 亿	云计算平台阿里云、云原生数据库 PolarDB、大数据实时计算平台 Blink 等
京东	中国	405 亿	169 亿	混合多云操作系统京东云云舰、自研一站式研发平台行云 DevOps 等
百度	中国	370 亿	233 亿	百度智能云、文心一言、百度大脑等

资料来源：彭博数据库和公司官网，截至 2023 年 11 月 13 日。

依据数字技术公司所提供的技术和业务类型，一般将数字技术公司分为技术型和综合型两类。

技术型公司。此类公司专注于人工智能等数字技术的研发和创新，为金融机构提供软件产品开发和业务解决方案。技术型公司通常包括科技产品厂商、硬件服务商、系统服务商，以微软、IBM、甲骨文等为代表性企业。例如，通过微软的云计算平台 Azure，金融机构能够利用前沿的计算和存储技术，高效地分析和挖掘大数据，从而提升其风险管理能力。

综合型公司。此类公司在数字技术研发的基础上，通过产品和服务的整合，构建基于社交网络、搜索引擎、电子商务、生活服务以及信息分发等场景的数字化平台，并凭借平台积累的大量用户数据和技术能力，广泛开展包括支付服务、贷款服务、投资理财等在内的金融业务。综合型公司通常起源于大型科技公司（BigTech），以亚马逊、阿里巴巴、谷歌、脸书（Facebook）、腾讯和京东等为代表性企业。例如，腾讯借助旗下的微信平台构建了一个庞大的用户生态系统，并借此推出了移动支付、基金理财、信贷投资等多元化金融产品和服务。

比较技术型公司和综合型公司可知，是否拥有金融业务牌照以及是否从事金融业务，并不是决定其创新水平高低的主要因素。以 2020 年为比较基线，亚马逊、谷歌和脸书的专利数量分别为 2244 件、1817 件和 938 件，位列 2020 年专利获取榜单的第 11 位、第 18 位和第 36 位，而国内只有阿里巴巴的专利数量接近 800 件，并未进入排行榜前 50。[①] 美国互联网巨头们的专利获取数量比国内高出数倍，而它们仅持有支付牌照，无法全方位开展金融服务。

---

① 数据来源：IFI 专利申请服务公司数据库。

数字技术在金融行业中的应用

金融实务领域广泛应用的数字技术主要包括人工智能（artificial intelligence）、区块链（blockchain）、云计算（cloud computing）和大数据（big data），简称为"ABCD"四大核心数字技术。①

人工智能技术。2004 年，约翰·麦卡锡（John McCarthy）给出了定义：人工智能类似于使用计算机模拟人类智能，并且不需要局限于生物学上所能观察到的方法。目前，人工智能在金融领域已经进入产业化应用阶段。基础设施层面，AI 算法框架、智能硬件为算法的训练和应用提供支撑，例如中国工商银行已经实现了人工智能百亿级基础大模型落地应用。② 通用技术层面，人工智能技术包括计算机视觉（CV）、自然语言处理（NLP）、知识图谱（KGs）、流程机器人（RPA）等。这些技术的应用衍生出了包括身份识别、智能客服、智能投研和业务流程自动化等在内的各种新型场景（见图 1-1），不仅能有效解决数据孤岛问题，还能降低人工成本，并满足个性化金融需求。

图 1-1　金融业中人工智能技术的典型应用场景

资料来源：根据中国信息通信研究院《金融人工智能研究报告（2022 年）》整理。

① 参考金融稳定委员会（Financial Stability Board, FSB）对此的定义。FSB 是于 2009 年创立的国际性组织。

② 资料来源：中国工商银行《2023 半年度报告（A 股）》。

　　区块链技术。正如唐·塔普斯科特（Don Tapscott）所述，区块链没有中间人，没有信用瓶颈，只有自由和透明。由此可见，区块链本质上是一种去中心化的技术，具有不可篡改性、数据透明性和可溯源性的特点。这种技术能够有效缓解信息不对称和不信任问题，因此在供应链金融、贸易融资平台、资金管理系统、跨机构支付清算、数字资产等诸多金融场景被广泛应用（见图 1-2）。

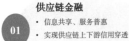

供应链金融
01
- 信息共享、服务普惠
- 实现供应链上下游信用穿透
- 降低金融机构风控难度

贸易融资平台
02
- 融资高效、风控强化
- 链接商户、金融机构、物流公司
- 免去搜索信息的高成本

资金管理系统
03
- 数据公开、流转清晰
- 审批、支付、对账上链
- 节省对账时间、强化监管

跨机构支付清算
04
- 简化流程、提升效率
- 交易双方共享交易数据流
- 有效补充传统支付产品

数字资产
05
- 安全可信、流通有序
- 资产的登记、发行、流转
- 强化资产监管方的审计

图 1-2　金融业中区块链技术的典型应用场景

资料来源：根据中国工商银行《区块链金融应用发展白皮书》整理。

　　其中，供应链金融是该项技术的主要落地场景之一，它是指金融机构为供应链上的上下游企业提供的金融服务。表 1-2 梳理了传统供应链存在的问题以及相应的区块链解决方案。可以看出，区块链供应链金融确保了上下游企业数据的真实性，有效降低了信任成本。

表 1-2 传统供应链存在的问题以及相应的区块链解决方案

现存问题	区块链解决方案
核心企业主导话语权和议价权	区块链的分布式信任机制避免了数据集中于核心企业而造成的信息集中化和不对称问题
信息过度集中于核心企业导致信息不对称	
核心企业通过支配地位侵占上下游企业利益	区块链的不可篡改性能够防止链上任何企业或银行对资金信息和用途进行篡改，能够有效保证资金数据的安全性，同时降低资金被挪用的风险
信息共享场景下的隐私与数据安全问题	
供应链上资金用途不透明	区块链的数据透明性确保了所有交易和操作都被公开记录在区块链上，使数据对链上的所有参与者都公开可见
各方不愿分享信息导致信任成本增加	区块链的可溯源性能够记录所有交易和操作的历史信息，为解决争端提供了可靠方案，有效地降低了信任成本

然而，国内区块链技术的应用面临着诸多挑战。首先，上链数据真实性有待认定。许多区块链供应链金融平台与上下游企业签订承诺书，由企业承诺上链数据真实可靠，但目前的区块链技术并不能倒推链前证据材料的真实性。其次，应用场景有一定的局限性。由于只有在交易形成闭环的情况下，区块链技术才能确保数据的真实性，因此许多应用场景无法利用区块链技术。

云计算技术。金融行业的应用场景通常可以分为公有云和私有云两种模式。公有云指服务商通过公共网络为金融机构提供 IT 资源，而私有云则需要金融机构自主搭建数据中心并组建运维团队，以较高的成本置换更高的安全性。金融机构通常将非核心业务（如营销和管理等）部署在云上，从而使其摆脱 IT 基础设施的束缚，以低成本获取计算资源，并更好地以客户为中心提供服务。

　　大数据技术。 大数据是指因数据量巨大或数据结构较为复杂导致传统数据处理流程无法充分解析的数据。然而，这些数据中蕴藏着数据模式、趋势或相关性的重要信息。如果说数据是数字化时代的"石油"，那么大数据技术就是"冶炼工艺"。大数据技术已然成为银行业、证券业、保险业等金融行业效率提升的重要驱动力（见图 1-3）。

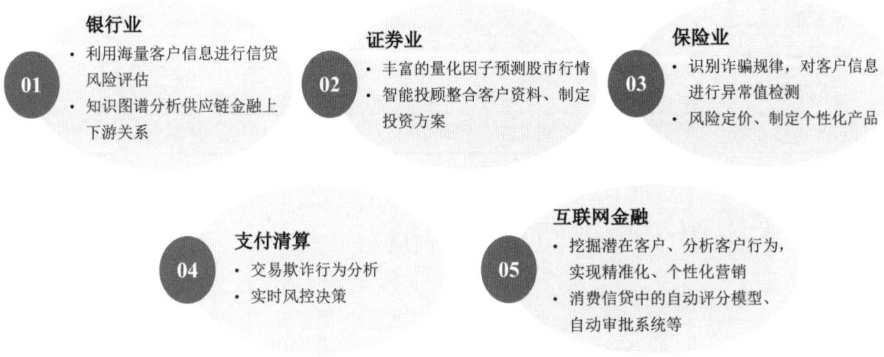

01 银行业
- 利用海量客户信息进行信贷风险评估
- 知识图谱分析供应链金融上下游关系

02 证券业
- 丰富的量化因子预测股市行情
- 智能投顾整合客户资料、制定投资方案

03 保险业
- 识别诈骗规律，对客户信息进行异常值检测
- 风险定价、制定个性化产品

04 支付清算
- 交易欺诈行为分析
- 实时风控决策

05 互联网金融
- 挖掘潜在客户、分析客户行为，实现精准化、个性化营销
- 消费信贷中的自动评分模型、自动审批系统等

图 1-3　金融业中大数据技术的典型应用场景

资料来源：根据中国支付清算协会和中国信息通信研究院《大数据在金融领域的典型应用研究》整理。

　　风控是大数据技术的典型应用领域之一。自从 1407 年第一家银行诞生于意大利威尼斯开始，金融业一直在寻找风控的方法。然而传统风控手段存在诸多不足，例如传统评估只基于静态有限数据、缺少前瞻性等。相比之下，大数据独特的 5V 特性［大量（volume）、多样（variety）、高速（velocity）、真实性（veracity）以及低价值密度（value）］有效完善了传统风控模型。[①] 表 1-3 比较了传统风控与大数据风控在数据、模型和方法等方面存在的主要差异。

---

① Demchenko Y, Grosso P, De Laat C, et al. Addressing big data issues in scientific data infrastructure [C]. 2013 International Conference on Collaboration Technologies and Systems, 2013:48−55.

表 1-3　传统风控与大数据风控比较

比较维度	传统风控	大数据风控
数据量	小	大
数据来源	范围更小	范围更大
实时性	无法实时跟踪风险	实时跟踪风险
时滞	长	短
全流程	无法全流程监控	全流程监控
模型和方法	专家评分卡、财务模型、逻辑回归等	机器学习、深度学习等
模型复杂度	较低	较高
抵押资产	依赖	不依赖
对风险进行预测	难以进行预测	更易进行预测

数字技术应用于金融行业的价值

　　数字技术在商业模式、风险控制、金融普惠和监管环境等领域为金融行业改革创新带来了价值。商业模式上，区块链技术去中心化的特性弱化了传统金融机构的中介功能，形成了直接点对点交易和结算的新型模式，极大地缩短了交易时间，降低了交易成本。[1] 风险控制上，人工智能算法模型和大数据分析技术的应用为金融机构提供了更准确、实时的风险评估和预警手段，有效降低了违约和欺诈带来的风险损失。[2] 金融普惠上，云计算和大数据分析提高了金融产品的定制化和智能化程度，特别是在发展中国家和偏远地区推动了金融包容和经济发展。[3] 监管环境上，数字技术发展和

---

[1]　Chiu J, Koeppl T V. Blockchain-based settlement for asset trading[J]. The Review of Financial Studies, 2019, 32(5):1716-1753.

[2]　Berg T, Burg V, Gombović A, et al. On the rise of FinTechs: Credit scoring using digital footprints[J]. The Review of Financial Studies, 2019, 33(7): 2845-2897.

[3]　Fuster A, Plosser M, Schnabl P, et al. The role of technology in mortgage lending[J]. The Review of Financial Studies, 2019, 32(5): 1854-1899.

应用对传统金融监管提出了挑战，同时也催生了其利用数字技术提升监管效能的动力。通过发展监管科技（RegTech），监管机构能够加强风险监测和防控能力，从而维护金融市场的安全与稳定。

数字技术进步正在逐步推动金融业实现"去中心化"

区块链、分布式账本和智能合约等数字技术的应用正在逐渐打破传统金融业的中心化结构，推动金融业向去中心化的生态系统转变，为金融业带来更多的创新和机遇。但在这一过程中，需要明确以下内容。

第一，数字技术始终是金融业发展不可或缺的因素，然而金融业只是**数字技术运用的众多行业之一。数字技术在几乎所有行业都有广泛应用**。例如，制造业中，数字技术实现智能制造，提升生产效率和质量[1]；零售业中，数字技术优化供应链管理，改善消费者体验[2]；医疗保健领域利用数字技术提升服务质量，如电子病历和远程医疗[3]；而在教育领域，数字技术拓展学习方式，如在线教育平台和虚拟实验室[4]。事实上，数字技术的应用范围远不止上述列举的行业，还涉及公共管理、能源、交通等领域，不断推动着整个社会的数字化转型和创新发展。

第二，企业直接上市（DPO）方式的引入和去中心化金融（DeFi）的兴起，进一步凸显了传统金融中介机构的作用逐渐被弱化的趋势。传统上，企业通常通过首次公开募股（IPO）上市，但需要经过中介机构的参与和审

---

[1] 资料来源：工业和信息化部等八部门《"十四五"智能制造发展规划》。
[2] 资料来源：商务部流通发展司《深度应用智慧供应链推动实体零售转型》。
[3] 资料来源：国务院办公厅《关于促进"互联网＋医疗健康"发展的意见》。
[4] 资料来源：中国教育科学研究院《中国智慧教育蓝皮书 (2022)》。

查，且需要支付比较高的费用。然而，2020 年美国证券交易委员会（SEC）批准企业直接上市的决定，意味着一些公司可以绕过传统渠道，以更便捷和成本更低的方式获得资本市场的融资。与此同时，去中心化金融利用区块链技术和智能合约等技术建立了一种去中心化的金融系统。该系统允许个人直接参与借贷、交易和投资等金融活动，而无须依赖传统金融机构的中介服务。[①] 这种去中心化的模式赋予了个人更大的金融自主权，提升和改善了金融服务的效率和质量，并有效降低了金融机构的运行成本。[②] 由此可见，这两大变化使得公司和个人能够更加直接地参与金融活动，弱化了传统金融中介机构的地位。

第三，银行、证券公司、基金和私募等金融机构的研究和投资能力都是基于长期的历史经验积累，而这种独特的经验和专业知识仍然是数字技术所无法替代的。传统金融机构的研究和投资团队的专业知识涵盖了全球政治、政策、宏观经济环境和公司财务状况等多个领域，并且经过长期的实践积累了丰富的市场经验，能够识别和理解复杂的市场变化和行业趋势。尽管数字技术在高频交易和大数据分析等金融领域发挥了重要作用，但目前仍然无法取代传统金融机构所具备的专业知识和所积累的经验。数字技术仅能作为辅助工具，帮助传统金融机构提升其研究和投资能力。

第四，虽然综合型数字技术公司实力很强，但科技属性与金融属性的分离是大势所趋。一方面，综合型数字技术公司具有较高的市场地位、较强的用户黏性、强大的算法技术和独特的数据来源，容易引发市场垄断和

---

① 资料来源：纳斯达克证券交易所官方网站文章《直接上市：通往公共市场的替代途径》（"Direct Listings: An Alternative Path to the Public Markets"）。

② Makarov I, Schoar A. Cryptocurrencies and decentralized finance (DeFi)[Z]. NBER Working Paper, 2022.

信息垄断问题，并且造成个人隐私数据的不当使用，从而制约科技创新能力，引发消费者权益保护纠纷。另一方面，从国外实践看，弱化金融属性可能更有利于数字技术赋能金融业。由于缺乏相应的金融牌照，许多大型互联网科技公司更多的是利用技术与金融机构合作，其结果使得这些公司将重心放在了提高创新水平上，而不仅仅是从事金融业赚"快钱"。

典型案例——大数据风控 [①] 💡

邦盛科技专注于"以大数据实时智能平台技术研究为核心"的研发方向，自主研发了时序大数据、实时计算等数字技术，通过深入挖掘热数据的价值，为政企决策提供技术支持，并为金融行业提供高性能的实时智能风控解决方案。

邦盛科技通过嵌入流处理引擎实现对热数据的实时切片处理，并将过程中的中间结果合并为多维度和可计算的数据立方体模型，即"流立方"。如图 1-4 所示，该模型包含时间、数据维度、计算变量这三个维度，支持面向多尺度时间窗口的即席查询和归并查询，具备较高的序列化与反序列化效率，实现时序大数据的高性能存取和计算。每个"流立方"都是一个计算模块，对这些模块进行动态重组、实时计算，再配合邦盛科技的决策引擎，可以实现高吞吐、低延时、高可拓展性的实时决策，提高金融机构风控能力。

[①] 本案例经浙江邦盛科技股份有限公司同意且授权使用，所有内容经过了该公司修改和确认。衷心感谢邦盛科技 CEO 王新宇博士提供的帮助。

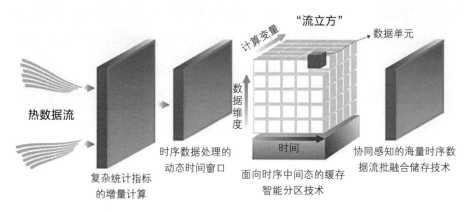

图1-4　邦盛科技"流立方"原理

资料来源：邦盛科技官网。

万物互联时代，金融、社交、电商、物联网等行业形成了庞大而复杂的数据关系网，如何从越来越多、越来越复杂的关联数据中，获取更大的业务价值，成为大数据时代的新挑战。例如转账、借款、支付等人类活动会源源不断地产生商户、银行、设备等实体间的关联关系，形成动态时序图。基于此，邦盛科技将大数据实时处理能力从一维升级至二维，构建出实时、动态、可追溯的超大规模时序图谱，并在此基础上进行实时关系分析和计算，从海量数据中高效、实时地分析和挖掘出数据之间的关联关系。

如图1-5所示，"图立方"平台是"流立方"平台的二维升级，是图规则数据库基础之上的实时关联关系计算平台，通过时序图的实时增量计算、动态回溯、分布式处理和智能决策，实现毫秒级的复杂计算、并行计算及关联分析。邦盛科技基于"流立方"平台、"图立方"平台、PipeACE平台、三核决策平台、关联图谱平台等大数据实时智能技术平台，为金融业提供智能风控解决方案。

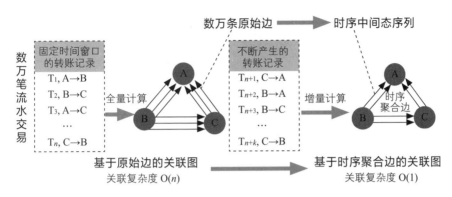

图 1-5　邦盛科技"图立方"原理

资料来源：邦盛科技官网。

作为中国银行卡业的核心枢纽，银联在银行卡业基础设施中扮演着重要角色。中国各银行依托银联的跨行交易清算系统，实现了互联互通，并成功地完成资金的结算交易。作为中国银联控股旗下的一家全国性公司，银联商务专注于提供专业银行卡收单服务，并且是全国范围内最大的收单机构之一。

如图 1-6 所示，银联商务的数据呈现以下三个特点：一是数据量巨大。银联商务每年有着 1300 多亿次刷卡流水、近千个规则模型的超大数据量以及峰值高达 5 万 TPS 的系统吞吐量，使得银联商务必须拥有处理大批量数据的能力。二是数据响应时间要求短。对于每笔刷卡交易，银联商务都需要在 50 毫秒内对该卡过去一年的交易行为进行分析并做出风险评估，完成事中风控，这要求银联商务具有低延时的数据处理能力。三是数据关联度高。银联商务具有 45 亿张银行卡，不同银行卡之间具有复杂的相互关联性，个别银行卡风险有可能对巨量银行卡产生不良影响，造成系统性风险，这要求银联商务具有识别并处理关联数据的能力。

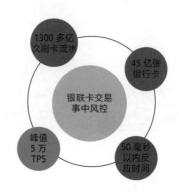

图 1-6　银联卡交易事中风控

基于此特点，邦盛科技依靠"流立方"平台将银联商务的数据进行了切片、存取和计算，解决了银联商务的需求。"流立方"本质上是一种热数据处理技术，具有热数据技术的高吞吐、低延时、关联性等特性。其高吞吐特性以及流批处理机制使得银联商务具备巨量数据的处理能力。其低延时特性使得银联商务在处理巨量数据时处理速度也不会大幅下降，处理时间仍能保持在可接受范围内，满足 50 毫秒的反应时间要求。其关联性是基于海量银行卡、交易流水等，建立起关联关系图谱。基于图谱数据相关性，同时保持数据处理的低延时和高吞吐的特性，实现对银行卡关联风险的实时监控。

邦盛科技的做法有以下三点成效。第一，降低了银联商务运营成本。对于巨量数据的处理，传统方案是使用巨大计算集群设备提供算力，而邦盛公司的"流立方"仅需要四台 PC Server（电脑服务器）便能实现银联商务的数据计算需求，有效降低了银联商务的运营成本。第二，提升了客户体验。相比于银联商务 50 毫秒内完成风险评估的要求，"流立方"将时间大大缩短，做到在十几毫秒内完成事中风险评估，大大缩短了客户在支付转账中的等待时间，优化了客户的体验。第三，提高了风控能力。更快的风险识别速度提高了银联商务的危机反应速度，使银联商务能在风险传播之前就做出管控，提高了风控能力。

典型案例——区块链供应链金融

作为该领域的首家独角兽公司，趣链科技[①]是全球领先的企业级区块链技术服务商，构建了区块链 3.0 全栈全生态能力系统。目前，趣链科技已参与制定区块链领域标准 200 余项。图 1-7 展示了该公司的四大核心技术产品。

区块链底层平台
Hyperchain

- 国内领先的国产自主可控的联盟链，支撑政府、产业联盟、各行业生态等应用落地
- 支持数千节点共识组网

跨链服务平台
BitXHub

- 采用中继机制提供跨链服务，解决了跨链交易的捕获、传输以及验证等核心难题
- 允许异构资产交换、信息互通及服务互补

数据协作平台
BitXMesh

- 基于区块链和多方安全计算技术自主研发，致力于破解数据孤岛、数据确权、数据隐私等难题

数据价值保护平台
飞洛印

- 为企业、个人提供具备司法效力的数据存证、侵权取证、在线公证、确权交易等链上服务生态，保障每个人的数据价值

图 1-7　趣链科技四大核心技术产品

趣链科技通过搭建金融生态联盟区块链为小微企业融资提供支持。在此基础上，应收账款作为通用数字金融资产在区块链中进行流动。趣链科技在供应链的生态企业中通过区块链建立一个多中心化的民主机制，搭建起分布式信任机制，防止贸易真实信息和用途被篡改，保持数据信息透明

---

① 本案例经趣链科技股份有限公司同意且授权使用，所有内容经过了该公司修改和确认。感谢趣链科技创始人兼 CEO 李伟博士提供的帮助。

可见，降低各方信息不对称程度，降低信任成本，提高各方参与意愿，赋能供应链金融。

如图 1-8 所示，首先，由核心企业向下一级供应商开具应收账款数字凭证（开立金票）；其次，一级供应商可以选择与保理商进行金票融资，也可以选择继续将账款全额或部分转让给其上游的二级供应商，同理，上游的供应商也可以重复此类步骤；最后，在账款到期时，由保理商向核心企业催收，并以此将还款金额支付给相应的应收账款持有人。

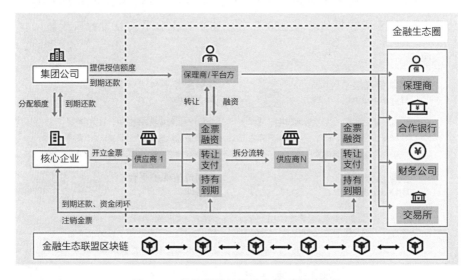

图 1-8   趣链科技的金融生态联盟区块链

资料来源：趣链科技官网。

当银行给小微企业放贷时，往往会面对小微企业信息不足的情况，从而产生信息不对称问题。如图 1-9 所示，趣链科技通过将区块链应用于省级金融数据交换平台，促进银行与地方政府部门、人民银行分行、地方金融机构以及其他可能的数据源之间进行信息共享，扩大银行数据的获取范围，提高银行对中小企业的了解程度。

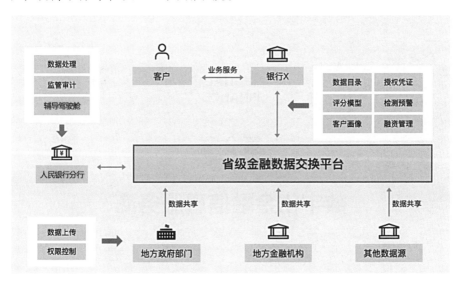

图 1-9 趣链科技"区块链 + 金融信息"共享机制

资料来源：趣链科技官网。

第 2 章

数字化金融信息服务商

著名历史学家尼尔·弗格森在《货币崛起：金融如何影响世界历史》中如此描述：1815 年，拿破仑在滑铁卢战役中战败。罗斯柴尔德家族凭借其盘根错节的情报体系，比英国更早得知战败的消息，做多英国国债，攫取暴利。[①] 人类在信息传播上不断取得进步——从电报到电话，再到移动互联网，如今利用服务器优势已将金融市场的高频交易速度提高至毫秒级，信息传播的速度越来越快。

---

① 弗格森 . 货币崛起：金融如何影响世界历史 [M]. 高诚，译 . 北京：中信出版社，2009.

现实中的金融信息服务商

数字技术与金融服务的融合突破了传统的金融边界，催生了新的需求。金融信息服务商的产品和服务发生了变革——从提供传统的金融服务到提供信息、数据和信息类衍生产品、交易渠道等，增加了服务过程中的可用资源，提高了资源的可转移性，完成了技术赋能金融的价值共创流程。[①] 由表 2-1 可知，金融信息服务商为 B 端机构用户提供金融交易系统，提升其交易处理效率；或为 C 端个人投资者用户提供金融市场信息，提高其投资决策效率。

表 2-1　全球主要金融信息服务商

公司名称	国家	服务对象	核心产品及功能
彭博（Bloomberg）	美国	面向 B 端机构用户：金融机构、投资银行、资产管理公司、交易商、金融分析师、政府机构、法律公司等	Bloomberg 终端：提供金融市场数据、新闻和交易系统
AlphaSense	美国	面向 C 端个人投资者用户：中小投资者	AlphaSense：金融搜索引擎，提供金融市场信息
万得（Wind）	中国	面向 B 端机构用户：证券、基金、保险、银行、投资公司等金融机构，政府组织，企业，媒体	Wind 终端：提供全球金融市场的数据与信息
恒生电子	中国	面向 B 端机构用户：证券、期货、基金、保险、银行、信托、交易所、私募等机构	恒生电子交易系统：证券综合金融服务平台
同花顺	中国	面向 C 端个人投资者用户：中小投资者	i 问财：金融领域的语音问答系统，提供智能选股、量化投资、技术分析、快速选股等服务

资料来源：根据各家公司官网整理。

[①] Breidbach C F, Maglio P P. Technology-enabled value co-creation: An empirical analysis of actors, resources, and practices[J]. Industrial Marketing Management, 2016, 56(C): 73–85; Lusch R F, Nambisan S. Service innovation: A service-dominant logic perspective[J]. MIS Quarterly, 2015, 39(1):155–175.

传统金融信息服务与数字化金融信息服务

传统的金融信息服务仅为有限的群体提供服务，需要物理场所，具有排他性和高成本的特征。此外，传统信息服务无法获取图片、声音、视频等多维大数据。数字技术赋能金融业，突破了传统金融服务的边界，催生了依托于 App 或者网络平台的数字化产品或者服务。由表 2-2 可知，数字化金融信息服务中的信息和数据具有非排他性质，边际分配成本几乎为零。因此将数字技术运用到经济活动中能够提高企业效率、降低企业成本。[①]

表 2-2　传统金融信息服务与数字化金融信息服务比较

比较维度	传统金融信息服务	数字化金融信息服务
盈利模式	提供传统金融服务	提供金融信息数据
服务载体	有提供服务的具体场所	依托 App 或者网络平台
服务覆盖范围	窄	广
服务性质	排他性	共享性、规模性
经济成本	高	低
长期收益	低	高
时效性	弱	强
信息完善度	低	高

交易系统。证券公司的交易系统和行情系统作为连接交易所和投资者的中介，具备高容量、低延时的特征，能够优化数据处理，更高效地回溯更准确的数据。银行和资产管理机构同样有交易系统，数字技术的赋能有助于提高交易处理效率，保障交易安全。例如，恒生电子 UF3.0 集中交易系统交易稳定、清算高效，能够为 B 端客户提供账户管理、资金清算结

---

① Goldfarb A, Greenstein S M, Tucker C E. Economic Analysis of the Digital Economy[M]. Chicago: The University of Chicago Press, 2015; Agnew J, Mitchell O S. How FinTech is reshaping the retirement planning process[Z]. Wharton Pension Research Council Working Papers, 2018.

算、委托订单管理、接入服务等服务。金融机构的交易链路如图 2-1 所示。

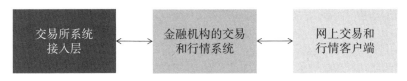

图 2-1　金融机构的交易链路

数字化投资信息服务。传统的选股、诊股方法效率低下，而且难以回应专业、全面的经济金融问题，如果运用人工客服则成本过高。智能投资顾问以数字技术为基础，通过学习和分析数据，实现完全自动化的投资咨询流程，有效提高了回答的专业精度，并扩展了服务边界，使得服务受众由高净值客户扩大到普通股民（见表 2-3）。例如，同花顺 i 问财运用数字技术自动化完成信息的搜集、整理、分析与提供，满足 C 端个人投资者信息查询、行情分析等数字化投资信息服务的需求。然而，无论是传统投资顾问还是数字化投资信息服务，都存在难以真正为投资者谋取收益的问题。[1] 例如 2022 年，美国 91 家科技上市公司运用 120 亿美元进行风险投资，然而只有 17 家公司从中获利。[2] 智能投资顾问主要的作用是为投资者提供信息，投资者获取信息的渠道增加、速度也更快，但是是否有利于提升投资者的业绩则有待考证。

---

[1]　普华永道 2021 年报告《解决 AI 的投资回报率问题，没那么容易》（"Solving AI's ROI problem. It's not that easy"）。

[2]　英国《金融时报》2023 年报道《美国上市科技公司在烧钱数十亿美元后面临现金短缺问题》（"US-listed tech companies face cash crunch after burning through billions from IPOs"）。

表 2-3   传统投资顾问与数字化投资信息服务比较

比较维度	传统投资顾问	数字化投资信息服务
服务受众	高净值客户	低净值、中净值、高净值客户
投资依据	投资顾问的过往经验及理论水平	投资理论、人工智能和大数据
技术复杂度	低	高
人工干预程度	高	低
服务成本	高，服务费率 1%—3%	低，服务费率 ≤ 0.5%[①]
易用性	弱	强

注：① Boston Consulting Group. Global digital wealth management report 2019−2020[EB/OL]. (2020-03-24)[2023-12-03]. https://media-publications.bcg.com/BCG-Global-Digital-Wealth-Management-Report-2019-2020-ENG. pdf.

数字化投研信息服务。传统模式下，研究人员的信息检索效率低下、手动处理数据效率低下、知识储备不足等问题凸显。数字化投研革新了传统的信息供给模式，运用知识图谱、自然语言处理等人工智能技术，为研究人员提供数据搜集、处理、分析和投资决策等综合性解决方案（见表 2-4）。例如，在数据处理方式上，传统投研基于研究人员的过往经验手动处理，可能存在数据处理偏误，而数字化投研信息服务利用数字技术实现自动化数据处理，提高了数据处理效率。例如，同花顺 iFind 金融信息服务终端服务于 B 端金融机构，能够提供金融数据、产业图谱、研报自动化生成、舆情监控等投研一体化服务。

表 2-4   传统投研与数字化投研信息服务比较

比较维度	传统投研	数字化投研信息服务
数据源	传统金融数据，如宏观数据、行业数据、公司数据等	数字化数据，如舆情数据、社交数据、卫星数据等
数据获取方式	手动搜集，可能会导致数据遗漏	通过爬虫、人工智能自动识别和搜集整理

续表

比较维度	传统投研	数字化投研信息服务
数据处理方式	基于研究人员的知识储备和分析能力手动处理数据，可能会存在数据处理偏误问题	运用自然语言处理、知识图谱等人工智能技术对数据库进行自动化分析①
结论呈现	研究人员手动撰写研究报告	由机器自动化生成问答、研报等

注：① 美国《福布斯》2023 年报道《人工智能如何彻底改变股票投资》（"How artificial intelligence is revolutionizing stock investing"）。

数字化投研信息服务和数字化投资信息服务都将人工智能运用于传统金融服务中，但是两者存在差异（见表 2-5）。数字化投研信息服务主要为 B 端机构投资者服务，提供从数据搜集到研报产出的一体化服务，技术难度相对较高；数字化投资信息服务则更多面向 C 端个人投资者，为其提供投资信息、投资建议等服务，从而减少信息不对称问题。

表 2-5　数字化投研信息服务与数字化投资信息服务比较

比较维度	数字化投研信息服务	数字化投资信息服务
面向对象	B 端机构投资者	C 端个人投资者
技术难度	高	较高
目标	自动化处理、分析、提供信息和数据，为投资决策提供参考	提供投资理财建议，满足个性化资产配置需求

数字化金融信息服务的价值

数字化金融信息服务对传统金融信息服务的颠覆主要体现为信息提供方式和信息传播速度的改变。

信息提供方式上，传统金融信息服务技术的缺陷会影响长期信任，造成客户流失，从而导致金融信息服务商需要投入更高的信息维护和客户运营成本。而数字化金融信息服务一方面具有降低数据的存储、计算和传输成本的特征，能够高效地获取公开数据，分析存量数据，增加高价值信息的生产与提供，投资者能够以更低的成本获得信息；[①] 另一方面可以增加用户黏性并维护信息产权，促进交易系统等底层技术创新。

信息传播速度上，传统金融信息服务在搜索、复制、运输、跟踪和验证等方面均存在成本较高的问题[②]，加剧了信息不对称程度，难以提高投资效率。金融信息服务平台的发展为投资者提供了获得高频、全面信息的渠道，信息和数据的边际分配成本几乎为零，提高了投资决策的效率。由于股价并没有反映全部信息，因此投资者能够利用信息优势获取超额回报[③]，这有助于金融信息服务商进一步加快技术进步的步伐，研发信息传播速度更快的产品。

大语言模型（LLM）与金融信息

大语言模型（简称大模型）可以自动化实现数据和信息的获取、分析和提供，不仅响应迅速，而且交易成本低[④]，适用于处理烦琐而又紧急的任务。大模型能够学习非结构化数据（如新闻报道、社交软件的信息），并根据指令将海量数据进行结构化处理。基于大量数据集进行训练，分析数据库、语料库的关键信息，并输出观点。截至 2023 年 10 月，最先进的大模

① Hauswald R, Marquez R. Information technology and financial services competition[J]. The Review of Financial Studies, 2003, 16(3): 921−948.

② Goldfarb A, Greenstein S M, Tucker C E. Economic Analysis of the Digital Economy[M]. Chicago: The University of Chicago Press, 2015.

③ Lowry M, Rossi M, Zhu Z Y. Informed trading by advisor banks: Evidence from options holdings[J]. The Review of Financial Studies, 2019, 32(2):605−645.

④ Korinek A. Language models and cognitive automation for economic research[Z]. NBER Working Paper, 2023.

型包括 GPT-4.0、Chinchilla、PaLM、LaMDA 等。

金融信息服务领域，大模型不仅能够依托分布式计算，将大规模计算任务拆解为微小任务、分享每个计算节点，实现高效能数据处理、搭建高稳定的交易系统，而且能够搜集、整理和分析财经数据，实现情绪分析，呈现财经资讯，提供理财问答。例如，BloombergGPT 针对性训练了财经数据集和通用数据集，在原有模型的基础上对情感分析、新闻分类和问题解答等功能进行优化和改进，满足金融领域信息获取、分析和提供的需求。彭博社首席技术官肖恩·爱德华兹（Shawn Edwards）指出："生成式大模型很有吸引力——小样本学习、文本生成、对话系统等——我们看到了开发第一个专注于金融领域的大模型的巨大价值。"[1] 未来，技术进步将进一步优化大模型的信息提供功能，例如实现研报、财经新闻、财经图表等金融信息的自动化产出。

典型案例——金融信息服务系统提供商 [2] 💡

恒生电子不断在产品中融入引入先进技术，为 B 端客户提供综合解决方案。20 世纪 90 年代，资本市场启航，恒生电子研发自助交易系统，用自研的系统配合刷卡小键盘，股民不需要通过交易员就可以实现自助下单交易。1997 年，恒生电子推出了证券柜台交易系统 BTRV5.0，金融业务人员不必了解业务的底层技术细节就能简单灵活地上手操作。随着证券行业大

---

[1]　资料来源：美国彭博社 2023 年报道《介绍 BloombergGPT，这是彭博社的 500 亿参数大型语言模型，专为金融业从零开始构建》（"Introducing BloombergGPT, Bloomberg's 50-billion parameter large language model, purpose-built from scratch for finance"）。

[2]　本案例经恒生电子股份有限公司同意且授权使用，所有内容经过了该公司修改和确认。感谢恒生电子倪守奇副总裁等提供的帮助。

集中时代的到来，基金和资产管理行业诞生。恒生电子利用首创研发的中间件技术，在支持千万级的客户容量和并行扩展上实现了新的飞跃和创新。

一是产品矩阵。云计算、大数据、AI 等技术的发展为金融行业的数字化转型打下了良好的基础。恒生电子开始研发高可用、低延时、高并发的高性能交易系统和以云原生技术架构为技术底座的新一代产品，帮助金融机构加快业务迭代创新。随着 AI 技术的深度发展，恒生电子开始利用大语言模型技术研发金融行业大模型，推出面向投研、投资顾问、合规、运营等业务场景的金融智能助手产品。2019 年，恒生电子规划"6 横 6 纵"业务版图，形成一体化解决方案业务体系。恒生电子的产品和服务主要面向 B端金融机构，包括财富管理机构、资产管理机构、商业银行、保险公司等（见表 2-6）。

表 2-6　恒生电子产品矩阵

业务板块		服务机构	核心产品及功能
大零售 IT	证券经纪	证券公司	UF3.0：核心产品为集中交易系统，提供账户管理、资金清算结算、委托订单管理、接入服务等
	财富管理	财富管理机构	We6：核心产品为资产配置、产品管理、理财销售等系统，提供财富规划建议、金融产品管理、理财销售交易、投资顾问运营、客户服务、投资人服务等
大资管 IT	资产管理	资产管理机构	O45：核心产品为投资决策系统、投资交易管理系统等，协助机构搭建投研流程，辅助基金经理投资决策，为交易员提供交易平台
	机构服务	证券公司	i2：核心产品为机构服务相关业务系统，支持证券公司向境内外机构客户提供投资交易、合规风控、低延时交易、代理交易、策略算法等相关服务

业务板块		服务机构	核心产品及功能
大资管 IT	运营管理	资产管理机构	登记过户系统、估值核算与资金清算系统等为金融机构中后台部门提供运营保障
数据风险与平台技术 IT	数据中台、风险管理、平台技术	全领域金融机构	Rtec：核心产品为合规管理产品，提供风险监控、合规报告、流程管理、信息报送管理等
企业金融、保险核心与基础建设 IT	银行企业金融	商业银行、财务公司	C9：核心产品为现金管理平台和票据业务产品，提供现金管理、企业财资管理、票据交易管理等
	保险核心	保险公司	保险核心业务系统、保险互联网中台、保险线上一体化及数智化应用等解决方案与 IT 服务
互联网创新业务	恒生聚源、恒云科技、鲸腾网络、云毅网络	金融机构	提供金融数据库、金融终端、交易系统、交易服务、各类机构产品等

资料来源：根据公司官网、公司公告整理。

　　二是技术平台。恒生电子依托其核心技术平台"LIGHT"系列，分别从底层数据、数字设施和业务转型方面为金融机构全面赋能。"LIGHT"系列的本质是金融数字化基础设施，用以满足金融行业对云原生、高性能和数智化的技术需求，从而极大降低金融行业开发人员的学习成本，提升金融业务开发效率和运行稳定性，赋能金融业务快速创新。如表 2-7 所示，"LIGHT"系列主要包含的技术线涵盖了从前端应用技术平台、底层数据库、技术研发平台到大数据、云计算、区块链和人工智能等数字基础设施平台，几乎覆盖了金融行业可能用到技术服务的全链条。而金融机构的主要需求是更好地利用沉淀数据做出精准决策和提供优质服务，因此需要用到数字化基础设施、数据库以及业务操作平台。

表 2-7 恒生电子"LIGHT"系列

主要技术线	技术定位	核心产品	产品价值
Light-FE	前端应用技术平台	UCF（桌面应用开发套件）、HUI（Web应用开发套件）、GMU（移动终端开发平台）	组件化、跨平台、时时更新、多终端体验
Light-JRES	微服务	日志中心、服务治理、工作流、任务调度	兼容性、轻量化、配套服务完整性
Light-LDP	低延时分布式开发平台	开发工具、时延度量平台、内存数据库、开发框架、可靠组播	自主研发、低延时、高并发、高可用、插件化
Light-DevOps	金融软件研发管理平台	测试平台、DevOps度量中心、接口源数据管控平台、开发套件、DevOps统一门户/核心引擎、项目需求管控	解决人工浪费问题、成熟配套工具链、一站式体验、高度可扩展性、个性化定制
Light-ATOM	低码平台	一体化低码开发工具Atom Studio、机器人自动化Atom RPA、前端低码AtomApp、后端低码AtomLynx	针对后端服务开发使用"拖拉拽"方式实现流程图，针对前端界面提供可视化配置方式，针对机器人流程自动化提供解决方案
Light-DB	开源分布式关系型数据库	无	金融场景优化、数据库优化、高兼容性、开放生态、多存储引擎
Light-DATA	大数据处理	数据可视化平台、大数据平台、实时数仓平台、算法平台	高效性、智能化、实时性、算力保障
Light-GPT	人工智能大语言模型	无	专为金融领域打造的大语言模型，基于海量金融数据训练而来，对金融相关问题的理解和金融任务的处理，比通用大模型更有优势
Light-HSL	区块链基础设施	无	无
Light-CORE	分布式云原生底座	容器云平台、应用发布管理、统一日志平台、服务网格	兼容性高、方便管理、支持复杂流程编排

资料来源：根据公司官网整理。

三是业务端赋能。恒生电子秉持降低交易成本和缓解信息不对称的原则，重塑财富管理和资产管理产业链。经纪业务上，经纪业务平台 UF3.0 可以支持 5 万亿元至 10 万亿元甚至更大的交易量，保证交易稳定性和业务连续性。资产管理业务上，O45 系统帮助金融机构建设一个支持全产品、全业务，覆盖境内外交易品种，同时集境内外资产的指令、交易、风控、清算于一体的资产管理平台，为专业机构投资者提供资产管理业务全流程、一站式的投资管理解决方案，成为资产管理机构投资交易的核心枢纽。投研业务上，投研工具平台 WarrenQ 运用大模型技术，在投研全流程场景均实现投研效率的提升，同时一体化的协作平台打破了传统投研信息孤岛，有效助力投研数字化生态建设。

四是数据端赋能。恒生电子旗下子公司恒生聚源为金融机构提供金融数据库、数据终端和智能投研、风险预警等产品，通过创新技术提升生产能力、数据深度计算能力和打造交易级别数据质量标准，持续拓宽数据广度、业务覆盖广度。除了基础数据库，恒生聚源引入人工智能技术，深入挖掘数据价值，提供基本面分析、数据监控、预警等智能工具，帮助金融机构提高投研效率，辅助其进行投资决策。

五是设施端赋能。恒生电子从客户运维业务场景出发，致力于打造行业领先的统一运维平台，提供大数据平台、云平台等专业化的运维专家服务，为金融机构 IT 系统保驾护航。同时，基于金融软件自主创新的要求，为金融机构提供信创基础设施软硬件选型、验证、适配、输出等服务（见图 2-2）。

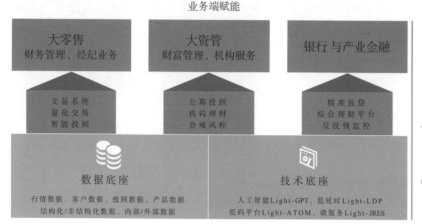

图 2-2　恒生电子数字技术赋能金融行业

资料来源：根据公司官网整理。

典型案例——数据化金融信息服务商[①]

　　同花顺作为信息的搜集、整合、提供与传播者，不断为各类机构用户和个人投资者用户提供智能化解决方案，依靠自然语言语义、知识图谱、智能语音、机器学习、AI 大模型等人工智能、大数据技术打造了 iFinD 金融数据终端、i 问财、智能投资顾问、智能投研等在产数字化投资信息服务产品（见表 2-8）。2009 年，i 问财成立，主要承担了投资顾问的角色，为个人投资者用户提供专业的股票信息检索、股票诊断等投资信息服务，减少了信息不对称问题。为了开拓机构用户业务，2011 年，同花顺打造 iFinD 金融数据终端，为机构用户提供基于数据、算法和模型的投研一

————————

　　① 本案例经浙江核新同花顺网络信息股份有限公司同意且授权使用，所有内容经过了该公司修改和确认。衷心感谢同花顺提供的帮助。

体化平台，辅助机构用户完成投资决策，首次将面向 B 端机构用户和面向 C 端个人投资者用户的业务串到一起。同花顺 AI 开放平台整合零散业务，将 AI 大模型、AI 内容生成（AIGC）等人工智能技术应用于金融领域，实现金融科技与人工智能的双轮驱动。同花顺紧跟新一轮科技变革周期，于 2019 年提出全业务线"All in AI"，实现业务的网络化、智能化和融合化发展，逐步建立 AI 产业生态圈。目前，同花顺 B 端机构用户业务和 C 端个人投资者用户业务双线并行，AI 开放平台赋予公司四大业务成长动能，以多样化、专业化产品和精细化、一站式服务进一步提高用户黏性。

表 2-8 同花顺产品矩阵

业务板块	服务对象	核心产品	产品功能
软件销售及维护	B 端金融机构用户	iFinD 金融终端	提供金融大数据、产业图谱、研报自动化生成、舆情监控等智能化解决方案
增值电信业务	C 端个人投资者用户	同花顺 App	提供金融信息查询、委托交易、行情分析等
广告及互联网推广业务		广告推介	提供开屏广告、资讯推送等
基金销售业务		基金销售	提供基金信息查询、基金组合推荐、基金交易等
AI 开放平台	B 端企业和金融机构用户、C 端个人投资者用户	智能外呼、智能客服、i 问财金融搜索引擎等	构建舆情、企业、诚信数据库，为金融、法律、企业等提供 AI 解决方案

资料来源：根据公司官网、公司年报整理。

传统金融机构的数字化转型

数字技术的应用使得传统金融机构不得不进行数字化转型。首先，要真正做到"客户至上"，就必须在获客、风控、产品和服务等各方面尽可能发挥数据和技术的作用，缓解信息不对称，提供高效便捷的服务。其次，几十年的深耕使得固有客户群体创造利润的潜力受到挑战，传统金融机构亟须借助数字技术的力量开发新的客户群体，寻找新的利润来源。最后，新技术的引入也催生了新业态，诸如互联网银行、互联网证券公司等一众新型金融机构的兴起也对传统金融机构的地位发起挑战，迫使传统金融机构走出"舒适圈"，通过技术革新保持竞争力。

　　本部分从商业银行、证券期货公司、保险业和资产管理行业的视角切入，通过梳理整个金融业的数字化转型历程，总结数字化转型使得传统金融机构发生了哪些改变，产生了哪些效果，又是如何创造出新的价值的。

第 3 章

商业银行的数字化转型

银行（bank）一词源于意大利语"banchi"，指的是中世纪商人和货币兑换商使用的长凳。为了提高交易的安全性，基于汇票业务的商业银行诞生了。最早的数字银行形态可以追溯到 20 世纪 60 年代 ATM 机和银行卡的出现，而互联网和宽带的普及真正颠覆了商业银行传统的业务模式。随后数字银行的普及势不可当，数字银行从以实体分支机构线下获客为基础开始转向利用信息技术、大数据和高度专业化的人才开展业务。[①]

目前，数字化转型是绝大多数传统商业银行的重点战略，但对于何谓商业银行数字化转型则众说纷纭、各有侧重，尚缺明确定义。总结诸多学

[①] OECD. Digital disruption in banking and its impact on competition[EB/OL]. (2020-04-20)
[2023-12-03]. https://www.oecd.org/competition/digital-disruption-in-banking-and-its-
impact-on-competition-2020.pdf.

者的观点，数字化转型至少包含三个维度——战略、业务和管理的数字化，是将多种数字技术运用于产品运营、组织管理、风险防控等方面以提高商业银行服务效率的过程。①

那么，究竟是什么在推动着商业银行的数字化转型？第一，技术进步是商业银行数字化步入深水区的关键，大数据、区块链和人工智能等前沿数字技术不断孕育出互联网信贷、理财、供应链金融等创新型金融服务。② 第二，互联网金融业态的出现极大地挑战了传统银行机构的经营和发展，导致它们面临存款减少、客户流失、理财产品分流等多方面威胁。③ 第三，数字化转型提升了商业银行的经营效率，缓解了借贷过程中信息不对称的问题。④

商业银行数字化的历程

第一家无卡移动银行的创始人布莱特·金（Brett King）将银行的发展划分为银行 1.0 至银行 4.0 四个阶段。⑤ 如图 3-1 所示，数十年来，伴随着数字化程度的提升，用户在使用金融服务时所产生的时间成本降低，信息不对称问题逐步得到缓解，摩擦程度降低（横坐标），银行从最初的物理网点服务逐步转向数字银行模式（纵坐标）。其中，银行 1.0 代表了依赖于实

① 谢绚丽，王诗卉 . 中国商业银行数字化转型：测度、进程及影响 [J]. 经济学（季刊），2022（6）：1937−1956; Fichman R G, Dos Santos B L, Zheng Z. Digital innovation as a fundamental and powerful concept in the information systems curriculum[J]. MIS Quarterly, 2014, 38(2): 329−353.

② 邱晗，黄益平，纪洋 . 金融科技对传统银行行为的影响——基于互联网理财的视角 [J]. 金融研究，2018（11）：17−29.

③ 战明华，汤颜菲，李帅 . 数字金融发展、渠道效应差异和货币政策传导效果 [J]. 经济研究，2020（6）：22−38.

④ 谢绚丽，王诗卉 . 中国商业银行数字化转型：测度、进程及影响 [J]. 经济学（季刊），2022（6）：1937−1956.

⑤ 金 . 银行 4.0 [M]. 施轶，张万伟，译 . 广州：广东经济出版社，2018.

体分支机构和纸质办理的传统商业银行。随着技术的不断改进，银行 2.0
引入了电子银行，其中包括网上银行和自动提款机（ATM），该创新结束
了传统的手工记账方式。随后，银行 3.0 在移动互联网时代崛起，推出了
手机银行，使得银行业务真正实现了以客户为中心。当前，随着人工智能、
大数据和区块链等数字技术的发展，银行业迈入了"无感知智慧银行"的
银行 4.0 时代。商业银行的角色不再局限于提供特定的金融产品，而是"隐
身"于日常生活情境中，为客户提供更高效、安全和便利的金融体验。

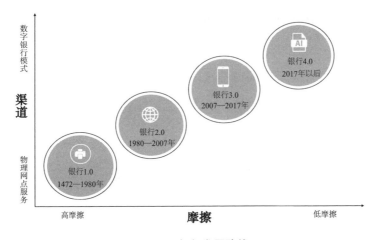

图 3-1　银行发展路线

资料来源：金 . 银行 4.0 [M]. 施轶，张万伟，译 . 广州：广东经济出版社，2018.

　　招商银行是我国股份制银行数字化转型中的佼佼者。当传统大行还在
以发展对公业务、规模扩张为主要目标时，招商银行率先转向零售业务，
推出能够通存通兑的"一卡通"、线上交易的"一网通"业务，奠定了零售
数字化三阶段转型的基础。在第一阶段，招商银行实现网络化。招商银行
于 2015 年提出移动优先战略，对内增设网络银行事业部并搭建提供智能服
务的 App 平台，对外与腾讯、网易等企业合作并利用技术手段进行流量变

现。在第二阶段，招商银行实现数字化。招商银行于 2018 年提出零售金融
3.0，IT 架构由集中转向开放，以月活跃用户（MAU）为指标、用户体验
为导向延伸出丰富的便民场景金融体系。在第三阶段，招商银行实现智能
化。招商银行利用 AI 技术推动客户体验管理从响应式向主动式转变，不断
完善客服云、舆情云、视觉云三大云服务，技术触角也延伸到非金融领域，
通过科技输出协同企业数字化转型。

商业银行数字化的重点领域

商业银行数字化需要同时推进外部数字化和内部数字化，前者包含客
户运营、场景生态、服务创新，后者包括组织管理、系统架构、风险控制
（见图 3-2）。

图 3-2   商业银行数字化的重点领域

外部数字化旨在提升"客户、场景、服务"的交互效率。对外客户运营
方面，商业银行利用客户数据形成标签体系，并以此进行分层管理，帮助
客户经理进行针对性营销。对外场景生态方面，商业银行通过搭建线上渠
道，包括网上银行、手机银行、公众号、社群等，更加深入地融入外部场
景，搭配精准营销满足个性化的金融需求。对外服务创新方面，商业银行
利用人脸识别、视频互动帮助线下网点转型，也可以将自动化技术用于建

立产品分级管理目录，以便商业银行基于产品目录和客户标签提供更加精细化的服务。例如，中国建设银行推出的"建行生活"App 为个人用户提供外卖、商超、影票等生活场景服务，同时依托平台流量帮助当地企业提升场景获客能力，实现了生活场景与消费信贷之间的互联互通。

内部数字化旨在实现"人员、系统、数据"的一体化框架。对内组织管理方面，商业银行通过增设网络金融部、金融科技部或建立金融科技子公司，并引入具有科技背景的高管和董事，实现数字化战略与技术人员的敏捷互动。对内系统架构方面，商业银行打造响应快速的前台应用、标准化和构件化的中台系统（包括技术中台、数据中台和业务中台）、稳定高效的后台系统。对内风险控制方面，商业银行基于数据中台搭建智能风控平台，将风险视图、客户画像、业务流程甚至日常文件审核等环节串联起来以捕捉其中的风险传导信号。

商业银行数字化转型的效果

商业银行数字化转型所带来的效益主要可以归结为以下几个方面。第一，有利于帮助商业银行降低经营成本、提升经营效率，推动商业银行向"轻资产、轻网点"模式转型。[①] 第二，数字技术会改变商业银行内部的工作流程，并带来治理机制和组织形态等方面的根本变化。[②] 第三，商业银行数字化转型对劳动力需求产生了挤出效应，例如天津金城银行在零售数字

---

① 谢绚丽，王诗卉. 中国商业银行数字化转型：测度、进程及影响 [J]. 经济学（季刊），2022（6）：1937-1956.

② 刘淑春，闫津臣，张思雪，等. 企业管理数字化变革能提升投入产出效率吗？ [J]. 管理世界，2021（5）：170-190.

化转型过程中裁员幅度接近 2/3，同时商业银行数字化转型还增加了对高学历和技术型劳动者的需求，改变了员工结构，且这些变化在市场化程度和金融水平较高的地区更显著。[①] 第四，数字技术对于风控的作用具有两面性，虽然能够帮助商业银行识别不良贷款，缓解金融危机等突发事件的冲击，但会导致人们在经济衰退周期里更频繁地快速转移资金，加剧了商业银行挤兑风险。[②]

国外商业银行的数字化实践

虽然数字化战略对于商业银行而言是个耳熟能详的名词，但是在实施过程中会遇到不少问题。如何将概念上的创新转化为数字化的实践成果？又如何让数字化战略规模化并产生效益？可以看出，国外领先的商业银行都较早布局了数字化转型战略，针对科技研发投入、业务渠道建设、金融生态圈拓展等方面进行规划，一些国际商业银行甚至设立了首席转型官、首席数字官等职位，以强化对战略的管理。技术投入上，高盛、花旗、摩根大通等商业银行将金融科技聚焦于财富管理、数字支付、数据分析等领域，对此投入大量资金和引入技术人才。开发模式上，国外领先商业银行纷纷参照互联网企业的"双速 IT"模式，形成敏捷的前台应用和稳定的后台系统。表 3-1 总结了不同市场（美国、欧洲、亚洲及大洋洲）商业银行的典型战略。

[①] 余明桂，马林，王空. 商业银行数字化转型与劳动力需求：创造还是破坏？ [J]. 管理世界，2022（10）：212-230.

[②] Pierri N, Timmer Y. Tech in Fin before FinTech: Blessing or curse for financial stability?[Z]. IMF Working Paper, 2020.

表 3-1　国外部分在数字化转型方面较为领先的商业银行

市场	商业银行名称	数字化战略与措施
美国	花旗银行（Citibank）	2012 年提出"移动优先"（Mobile first）战略，为个人客户打造全流程数字化账户 Citi Plus，持续投入 CitiDirect 和 CitiConnect 两大交付平台，移动用户年增长率约为 20%
	摩根大通（JP Morgan Chase & Co.）	2012 年首次发布移动银行，秉承"移动优先，数字渗透"（Mobile first, digital everywhere）战略，每年数字技术研发投入达 100 亿美元。其数字化转型支柱包括应用（applications）、基础设施现代化（infrastructure modernization）、工程（engineering）、数据与人工智能（data and AI）
	美国第一资本金融公司（Capital One Financial Corp.）	早在 2002 年就已经布局"信息决策战略"（information-based strategy），是首家宣布全面转向"云"的美国银行，通过研发动态仓库调度（dynamic warehouse scheduling）、跨业务的自动化流程（automating governance across lines of business）技术等自主上云，2022 年还推出了平台 Slingshot 帮助企业上云
欧洲	西班牙桑坦德银行（Banco Santander, S.A.）	2017 年推行"Supertankers & Speedboats"（巨轮与快艇）并存的双轨战略，不仅推动了成熟业务（Supertankers）的数字化转型，而且开辟了创新项目（Speedboats）。在 2019 年 9 月推出了该行首笔采用端到端区块链技术的债券
	意大利联合圣保罗银行（Intesa Sanpaolo S.p.A.）	推出 2022—2025 年计划"科技优化结构成本"（Structural cost reduction enabled by technology），包含数字银行 Isybank、技术人才、智慧物业等方面。目前与金融科技企业 Thought Machine 合作采用最先进的云原生技术来代替大型机，投资 50 亿欧元用于数字化转型
亚洲及大洋洲	新加坡星展银行（Development Bank of Singapore）	全行始终贯彻"创造数字文化"（Creating a digital culture）理念，目前在零售领域开发了移动钱包 DBS PayLah，在交易领域开发了数字银行平台 DBS IDEAL，在资金管理领域开发了许多大数据工具，包括实时分析、未来现金流预测和现金转换周期诊断
	澳大利亚联邦银行（Commonwealth Bank of Australia）	聚焦"高度私人化定制服务"（highly-personalised "For You" services）理念，目前与人工智能公司 H2O.ai 合作增强数字化文档处理，将 App 响应率提高了 160% 以上。此外，多项数字化创新产品（如虚拟零钱罐 Clever Kash）等赢得了顶尖的国际创新产品大奖

资料来源：根据公司官网整理。

我国不同商业银行的数字化转型路径

当前我国商业银行体系由大型国有商业银行、全国性股份制商业银行、城市商业银行以及千余家中小银行组成。与国外商业银行相比,我国商业银行的数字化转型虽然起步较晚,但进步较快。从图 3-3 中可见,国有商业银行和股份制商业银行的科技投入金额巨大。国有商业银行在 2022 年的科技投入全部超过 100 亿元,共计投入 1165.49 亿元,其中以工商银行为首。股份制商业银行的科技投入共计 647.68 亿元,其中以招商银行为首,招商银行也是唯一一家金融科技投入超过 100 亿元的股份制商业银行。2022 年,披露金融科技投入的中小银行数量变少,且投入金额量级远远低于大型国有商业银行,反映出不同类型商业银行的数字化转型分化现象严重。

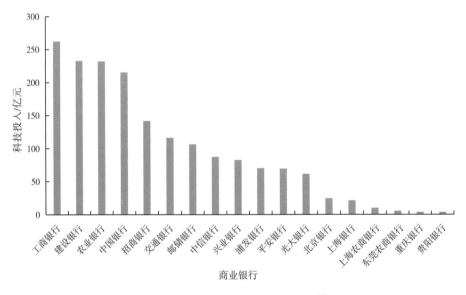

图 3-3   2022 年各商业银行科技投入情况

数据来源:各商业银行公司年报。

不同商业银行的资源禀赋各不相同，他们又是如何打造属于自己的数字化转型路径的呢？由图 3-4 可知，大型商业银行（含大型国有商业银行和全国性股份制商业银行）资源充沛，全链路铺开数字化转型的进程；城市商业银行则依托地缘优势发展特色数字化业务；农村商业银行受限于人才和技术，则以发展普惠金融为切入点助力乡村振兴。

普惠数字化转型——农村商业银行
结合自身区位，以发展数字普惠为切入点助力乡村振兴

特色数字化转型——城市商业银行
依托地缘优势和地方金融特色寻找数字化转型的突破口

全面数字化转型——大型商业银行
数字化目标清晰、战略布局全面、推进力度较大、数字化应用维度广

数字化转型路径

图 3-4　不同类型商业银行的数字化转型

大型商业银行：侧重布局，加大投入。大型商业银行数字化起步较早，拥有较强的科技实力和充足的资金，数字化转型战略也更加面面俱到，凭借规模效应占领先机（见表 3-2）。实际上，国有大型商业银行数字化转型的核心问题在于运行机制不顺，例如比较僵化的行政层级导致难以真正实现"敏捷银行"，不同部门间存在业务重叠，数据仍然呈孤岛化，缺乏市场化的激励机制，等等。

表 3-2　大型商业银行的数字化转型维度

维度	措施	案例
战略规划	始终紧跟国家数字化布局，通过打造平台和生态圈以谋求长远发展，同时注重与自身特色相结合	建设银行致力于科技赋能 G 端政用户，已经与近 30 个省级政府建立合作关系；邮储银行和农业银行则更加深耕农村县域服务

续表

维度	措施	案例
组织架构	形成金融科技组织架构，探索扁平化、敏捷化的管理体系；建立金融科技子公司，打破业务部门与科技后台之间的壁垒	中国银行设科技金融委员会，交通银行设金融科技部/数字化转型办公室，并且已有五家国有商业银行、九家股份制商业银行成立了金融科技子公司以协同母行的数字化战略，其中建设银行旗下的建信金科注册资本金高达16亿元
机构业务	数字化渠道已经围绕数字政务、数字普惠、数字供应链等重要产业，将场景阵地从C端个人用户不断扩展至B端机构用户、G端政府用户	例如工商银行推出的"工银聚富通"可以同时面向政务平台、产业平台、消费平台，其规模之大、业务场景覆盖之全面在全球商业银行中也是首屈一指
技术迭代	通常自己主导建立开放平台，培养具有自研能力的科技人才，整合行业内数据资源，在金融云、数仓、数智平台上颇有建树	工商银行全栈自主创新的云服务供给、招商银行的智能投研平台"财富Alpha+"、浦发银行的产业数字金融SaaS（software as a service，软件即服务）平台等

城市商业银行：侧重细分，以质取胜。 相较于大型商业银行和农村商业银行，城市商业银行处于尴尬的"夹层"地位，既在资金、产品、人才等多方面储备不及大型商业银行，又没有农村商业银行在中小微服务方面的天然优势。渠道建设上，受限于平台开发能力，中小银行侧重于手机银行和网上银行，其他线上渠道仍处于试验阶段；业务技术上，中小银行通常向科技公司外包技术或与头部银行合作，在零售和小微业务上的科技投入相对较高；至于组织架构，多数中小银行选择设立单独的科技部门，部分头部城市商业银行（如北京银行等）才有能力成立全资金融科技子公司。

大部分城市商业银行的科技投入保持着每年约10%的增速，北京银行和上海银行就是典型代表。两家银行2022年的科技投入规模分别为24.52亿元和21.32亿元，同比增长5.72%和15.06%。[①] 它们依托地缘优势，借助对所属区域内企业、零售客户的熟悉度，找到新的业务增长点以及提升

---

① 数据来源：北京银行和上海银行2022年年度报告。

经营效率的突破口。如表 3-3 所示，北京银行与本地先进的科技研究所（例如中国科学院自动化研究所）等展开合作，引进外部科技成果；上海银行依托自贸分账核算单元等跨境平台打造数字金融服务新体系，协助外贸结算；杭州银行打造了"六通六引擎"核心产品服务，以亚运会、数字人民币试点城市落地为契机进行营销获客。

但是，许多规模小、业务单一的城市商业银行面临较大的数字化转型困境，决策链条短、业务量级小且稳定的优势将有利于它们加速细分领域技术落地，未来建立省级层面服务于中小城市商业银行的金融科技公司将是其数字化转型的突破口。

表 3-3　不同城市商业银行的细分转型赛道

商业银行	细分赛道
北京银行	持续投入科技建设，确立了十大"京匠工程"，与中国科学院自动化研究所、中科闻歌等第三方机构签署战略合作协议，引进外部科技成果
上海银行	依托自贸分账核算单元等跨境平台，打造了针对境外人士入境、贸易新业态、跨境清算渠道、国际结算和外贸普惠业务五大方面的数字金融服务新体系
杭州银行	以亚运会、数字人民币试点城市落地为契机，深入推进"数智杭银"建设，打造"六通六引擎"核心产品服务（政务通、城融通、外汇金引擎等），并打造了杭州首家"零碳"银行网点
中原银行	践行"上网下乡"战略，推进渠道下沉和农村金融的数字化，在河南建设了 5000 家惠农服务站，围绕农村居民生活场景提供缴费充值、快递收发、净水机安装等服务
青岛银行	创新"接口银行"战略，对接公司客户、三方平台和其他金融机构，主动开发本地缴费、交通、医院、园区支付、核心企业和资产管理六大接口平台

农村商业银行：侧重客户，赋能普惠。目前，我国共有农村中小银行超 3000 家[①]，占我国商业银行数量比重较大，其本身与中小企业有着天然的

---

① 数据来源：国家金融监督管理总局。

相容性，具备数字普惠的特点，不过受限于物理网点、人力成本以及风险管理对抵（质）押物的高度依赖，它们很难扩大农村金融服务的覆盖范围。因此数字化转型是它们缓解信息不可得、信息不对称、信息不会用问题的必然选择。然而，许多农村商业银行缺乏稳定的数字化人才、资金、业务资源的投入，甚至尾部地区的农村中小银行还没有搭建起初步的数字基础设施。因此，省（自治区、直辖市）农村信用社联合社的大科技与农村商业银行小法人优势互补是破解问题的关键。

目前，我国农村商业银行在场景化获客、线上化运营、数据化档案方面有了初步起色。对于场景化获客，不少农村商业银行以"社区银行""养老金融"为突破点，通过"金融＋非金融"的联合运营为老年人提供定制化、便捷化的数字服务，并将商业银行服务嵌入当地政务、医疗、学校等生活场景中，依靠 B 端机构用户和 G 端政府用户引导场景客户转化为商业银行客户。例如江南农村商业银行与村委会合作，其智能服务点可实现现金存转、助农取款、消费结算等。对于线上化运营，农村商业银行多数采用手机银行、微信银行等自助渠道的搭建配合线下网点的数字化改造，加强发挥物理网点对"三农"领域客户的维系作用。对于数据化档案，农村商业银行建立了网格化金融服务体系，对各个网格单元服务范围内的中小微企业、个体工商户等进行专项梳理，建立了数字档案。

寻找不确定性中银行业的确定性

物理学家海森堡在 1927 年提出不确定性原理：人们永远不能同时准确知道粒子的位置和速度，对其中一个知道得越准确，则对另一个就知道得越不准确。① 大型商业银行下沉市场和互联网企业跨界运作带来的竞争加剧，市场利率下行导致银行业息差减小和盈利能力下降，日新月异的数字技术促成商业模式千变万化，这些都使得银行业面临诸多不确定性，而不确定性之中同样也孕育着确定性。

第一，**商业银行的数字化转型产生了新的交易模式，通过线上化等方式提高了交易效率，但面对面交流仍然重要。**正如金融创新研究专家布莱特·金所说，多数银行的经营结构没有发生任何变化。数字化转型不会改变最原始的存、贷、汇的核心业务逻辑，尤其是商业银行在争夺大额贷款和优质客群时，人与人的面对面交流仍然是促成交易和减少不确定性的重要手段之一。

第二，**数字化经营是依赖生态的，商业银行通过金融科技输出赋能客户并基于此拓展获客渠道是未来的发展趋势。**与支付宝和腾讯等利用支付端触及大量消费者的互联网公司相比，传统商业银行的获客渠道较为单一。因此，传统商业银行更加倾向于向客户输出其金融科技能力以增强客户黏性。例如，宁波银行通过"宁行云"和管家系列产品免费为企业打造数字平台，台州银行构建"生意圈"平台协助企业管理。这种科技赋能企业端的服务生态为商业银行提供了稳定的负债端资金来源。

第三，**保持资产负债结构的相对均衡是亘古不变的要求。**硅谷银行的破产就是惨痛的教训，其负债端主要是低息或无息的科创企业存款，而资产端固定收益类投资占比过半，资产负债结构久期错配严重加剧了挤兑下的破产风险。因此，商业银行在数字化转型过程中应当处理好资产负债结构中聚焦与分散的矛盾，以更稳健地应对经济不确定性。

---

① Heisenberg W. The Physical Principles of the Quantum Theory [M]. New York: Dover Publications, 1949.

第四，数字技术虽然极大地提升了商业银行的风控能力，但尚不能独立承担起商业银行风险管理的职能。商业银行经营的风险包含微观、中观、宏观三个维度，数字技术主要解决的是微观层面的客户风险，而中观层面的行业变迁风险，以及宏观层面的政治、经济和政策等风险，目前无法通过数字技术完全解决。此外，商业银行风险的产生根源在于人的行为，例如客户经理的道德风险和高管的委托代理问题等，因此应当充分重视商业银行的公司治理，建立适配的内控管理制度，全面提升商业银行的风险管理能力。

第五，数字技术无法推动商业银行的经营思维从"事后思维"向"事前思维"转变。商业银行对企业和个人信息的掌握程度（信息不对称程度）决定了商业银行发放贷款时的两种不同的逻辑：一种是发放信用贷款的"事前思维"，即在事前判断出借款人的还款意愿和还款能力；另一种是发放抵押贷款的"事后思维"，即考虑贷款发放违约后能否全部或部分收回资金。现实中，"事前思维"的逻辑是基于有规律的变量。例如，商业银行通常将公务员、事业编教师、律师、医生等客户纳入"白名单"，该类人群的纯信用贷款可得性高且金额较高；发放手机上可以申请的线上信用贷款时，大多数商业银行还是依靠公积金系统里累积的个人信息和征信数据；商业银行普遍认为国有企业的风险比民营企业更低，因此这个规律促使商业银行更愿意用"事前思维"给国有企业授信。

若找不到有规律的变量，商业银行只能依赖"事后思维"发放贷款，即需要借款人提供抵押物或担保以降低信贷风险。商业银行需要预测个人和企业风险，而这两类风险的来源差异太大。个人信用贷款主要看借款人的收入是否稳定且可持续，这个事前的关键变量非常容易找到。然而，企业风险的来源实在是太多，大到国际经济政策的变化，小到内部治理风险、竞争对手的变化等，都会对企业经营产生影响。因此，在高度不确定性下，银行希望找到针对所有企业，尤其是中小企业风险来源的有规律的变量，难度实在是太高。如果说将更多资金授信给国有企业、政府融资平台等，是商业银行的"偷懒行为"，更不如说是高度不确定性下的"无奈之举"，也或许是银行的最优选择。

有场景生态支撑的互联网银行在**个人客户端**方面对传统商业银行产生了较大的冲击。因为互联网银行不仅有传统商业银行所掌握的中国人民银行征信中心等机构中的个人信息，还有传统商业银行无法捕捉的个人数字足迹数据，所以其刻画的个人客户画像的维度远远超过了传统商业银行。在此背景下，许多传统商业银行选择与有场景生态的科技型公司合作，试图丰富个人客户画像的维度，甚至还有传统商业银行主动"下场"搭建个人生活场景。

只要传统商业银行缺少类似互联网银行拥有的个人或企业管理者的数字足迹数据，缺少类似互联网银行在**企业客户端**的业务，其就无法在事前准确地判断企业的经营风险。尽管大数据技术可以增加信息维度，但基于大数据的风控模型仍然需要寻找有规律的变量。因此即使数字技术再先进，只要依赖抵押的"事后思维"能够带来更高的收益，传统商业银行就难以从"事后思维"转为"事前思维"。

典型案例——商业银行数字化转型 [1]

杭州银行成立于 1996 年 9 月，是一家面向区域经济、中小企业以及城

---

[1] 本案例经杭州银行股份有限公司同意且授权使用，所有内容经过了该公司修改和确认。感谢杭州银行提供的帮助。

乡居民的城市商业银行。与其他城市商业银行一样，杭州银行在数字化转型方面经历了诸多挑战，但始终秉持着"客户至上，创造价值"的理念，将金融科技作为客户服务、业务发展和风险控制的重要工具，通过数字技术不断提升经营效率，实现了线上与线下的有机结合。

技术演进路径。杭州银行的技术演进可以分为三个阶段（见图3-5）。在起步阶段，杭州银行上线了第一代核心系统和银行借记卡系统，将原本分散在各网点的数据进行集中作业，同时建立了软件开发团队。在发展阶段，杭州银行进一步扩展数字化能力，推出了第二代核心系统和数据仓库系统等项目，实现了运营信息的汇总分析和流程自动化，并逐步掌握了数据仓库类项目的自主研发能力。在腾飞阶段，杭州银行不断推出创新数字化产品，包括开放银行、手机银行以及企业级大数据平台等，努力提升互联网金融方面的技术能力。目前，杭州银行已经规划了新一代核心系统建设，强调全面推进国产化改造，以持续推进数字化转型。

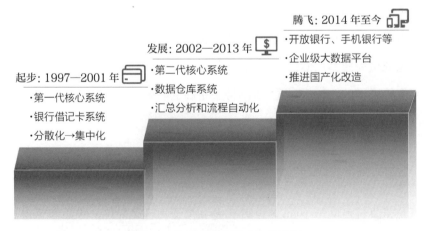

图3-5　杭州银行的技术演进路径

数字化转型路径。组织结构固化、数据处理能力有限、科技投资不足、综合型人才匮乏等典型问题阻碍了传统城市商业银行的数字化进程。对此，杭州银行独辟蹊径——以数据能力为支撑、科业融合为驱动、重大项目为抓手展开数字化转型（见图 3-6）。

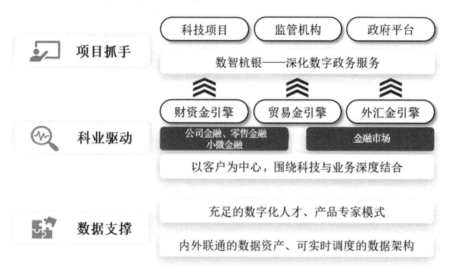

图 3-6　杭州银行的数字化转型路径

以数据能力为支撑。首先是数据资产，杭州银行致力于加强内外部数据联通以形成高质量的数据资产，通过完善长效的数据资产管理机制、数据资产管理平台、全行级指标管理平台等，构建职责清晰、制度健全的数据标准体系，实现数据的高效整合和有效利用；其次是数据架构，杭州银行建立了一套 43 节点的中型大数据集群，应用于数字化营销、大数据风控等领域，此外还通过数字方舟平台实现了数据资产生命周期管理，同时利用第三方调度平台进行相关开发和作业调度，以提升业务功能的可复用性和即时性；最后是配备了充足的数字化人才，其信息技术部不断向总行部室输送科技人才，建立产品专家模式，扩充数据分析人员队伍，通过培养一批既懂业务又懂科技的人员，加速科业融合。

以科业融合为驱动。以客户为中心，围绕科技与业务的结合推动数字化转型。在公司金融条线，通过"财资金引擎"赋能企业客户数字化转型，通过"贸易金引擎"便捷电票交易，通过"外汇金引擎"优化跨境电商服务，用差异化服务在千篇一律的城市商业银行中突围（见表3-4）；在零售金融条线，线上渠道依托"发动机"营销部署平台深化客群建设，打造"杭小宝"和"杭小美"，提高客服服务效能，线下网点结合传统服务模式和创新科技向标准化、智能化、轻型化转变，统筹线上线下，实现客户"最多跑一次"；在小微金融条线，持续迭代数据平台，为小微金融的风控把关，并且不断创新金融产品（如"云抵贷"+"政策担保"等），为小微企业提供定制化授信方案；在金融市场条线，积极打造"杭E家"同业业务平台，增强同业机构合作紧密度。

表3-4 杭州银行的三大产品服务体系

产品名称	应用场景	成效
财资金引擎	围绕政府机构和集团客户的数字化监管、财智经营核心需求，提供智能化解决方案	1. 多元的版本化管理 2. 串联企业内外部数据 3. 强化智能分析能力 4. 构建开放平台
贸易金引擎	整合企业的信息流、物流、商流和资金流，提供定制化的贸易金融服务解决方案，并通过"云e信"产品丰富支付结算场景	1. 票据的灵活应用 2. 贴现流程便捷化 3. 电票API（应用程序接口）的高效接入
外汇金引擎	为企业提供智能化、标准化和综合化的跨境金融服务，如针对出口企业的纯信用线上融资产品和为跨境电商企业打造的收款产品等	1. 简化申请流程，提高融资效率 2. 收款产品定制化 3. 支持多站点、安全收款路径

　　以重大项目为抓手。杭州银行积极参与各级单位的数字化重点项目建设，合力推进核心业务系统、跨境业务系统等项目的改造升级，并嵌入政府面向大众的政务平台，以打造新的金融服务模式。同时，加强对 G 端政府用户的金融科技能力输出，协助监管机构进行数字化改革以提升监管效能（如"智慧国资"等），此外还投入政府一体化智能化公共数据应用建设（例如"浙里金融综合服务应用"），反哺自身以提升信息技术能力，形成数字化的互惠共赢。

第 4 章

证券期货公司的数字化转型

曾经，证券公司的营业厅里人满为患，用营业厅里的大屏幕盯盘已经成了许多老股民的日常习惯，这是传统金融时代的缩影。但是随着互联网时代的到来，一块块电子大屏被撤下，各家证券公司营业部的面积也不断缩减，数字技术正快速应用于证券公司的业务和管理环节。数字化转型使得证券公司提高了业务流程的自动化程度，数据反馈更为及时，并且能够降低雇员成本。

证券公司技术应用的演进路径

证券公司技术应用的演进可划分为三个阶段，分别是信息化、数字化与智能化（见图 4-1）。

图 4-1　证券公司技术应用的演进路径

信息化。证券业发展的初期依赖于场外柜台,通过手写报价单的方式撮合交易。随着计算机的普及,证券交易向标准化、规范化的场内交易转变。此时的电子系统主要面向传统经纪业务,将烦琐的手工操作业务无纸化,但是只适配于线上交易的机械流程。该阶段沉淀了海量数据,例如交易柜台数据、客户资金流等。

数字化。电脑和手机的普及使得更多用户具备了接触线上业务的基础条件,证券公司开始向移动端迁移业务。在该阶段,证券公司大力建设投资交易、证券承销、风险管理等多方面业务系统。

智能化。人工智能、大数据、云计算等技术的运用对证券公司的前、中、后台系统进行重构。例如,前台形成了面向个人客户的智能客服、面向资产管理机构的策略定制平台和面向员工的自动化管理系统等,而中台形成了以人工智能技术为底座的业务中台和数据中台等,后台形成了松耦合、高敏态的 IT 系统架构。但是目前人工智能在证券公司的数字化应用中受到一定的限制,诸多自动化、智能化的投资策略的形成和执行并不一定满足合规要求。

证券公司数字化转型的重点领域

数字化底座。证券公司数字化的首要任务是搭建属于自己的数字化基础设施，包括底层云平台、技术中台、业务中台和数据中台等，从而为数据存取、业务重塑、监督管理提供技术基础。出于成本控制、使用习惯和安全因素的考量，证券公司一般选择购买底层云平台，合作开发技术中台和业务中台，而自建数据平台。例如，浙商证券从金融科技公司购买底层技术，依据恒生电子提供的业务规则和解决方案合作开发业务中台，并根据自身使用习惯和数据特点自主搭建数据平台。

数字化业务。证券公司的核心业务涵盖经纪业务、投行业务、资产管理业务、机构业务和合规风险业务等（见表4-1）。数字技术的赋能并未改变证券公司核心业务的目标，而是对证券公司业务形态进行了重塑，以更大程度地提高证券公司的获客能力、用户黏性和用户活跃度等。例如，数字基金投资顾问利用人工智能取代了人力顾问，以科学的投资理财分析为客户提供服务，并将业务流程全部线上化进行。科技的赋能使得证券公司核心业务能够同时兼顾效率和决策准确性。

表 4-1　证券公司核心业务数字化转型

传统业务	数字产品	服务内容
经纪业务	数字基金投资顾问	以人工智能替代人力顾问，充分挖掘历史数据，提高行情判断的准确性与高效性，从而提供科学的投资建议
投行业务	智能投行系统	以数字技术为基础赋能投行业务，建立数据共享平台，实现股权与债券的业务全覆盖，构建完整的互联网投行生态系统
资产管理业务	一站式理财服务	以个性化和定制化为导向，通过互联网平台提供综合性理财服务，包括智能客服、智能选股、智能盯盘等服务环节

续表

传统业务	数字产品	服务内容
机构业务	智能交易平台	根据预先设定好的程序和交易策略，对市场波动进行监测，自动完成从下单到交易的全过程，具备低延时和高准确度的特性
合规风险业务	智能风险预警系统	构建风险评价指标体系，对企业的经营包括舆情在内的全过程进行风险监测，增强透明度，提供智能有效的风险解决方案

数字化管理。以往证券公司内部的各部门间联通较少，存在各自为政的现象。各业务部门只负责自己的工作和客户，可能会由于严重的信息不对称而忽略了其他部门已经沉淀的现有资源。各业务部门针对"老客户"却要重新尽调，了解需求，并提供服务方案，这种管理方法可能造成资源的冗余和浪费。此外，各业务部门在部门间协同合作时效率也比较低。数字化集中运营管理平台能够有效整合公司内部资源，打通部门间壁垒，显著提高跨部门数据和信息提取调用的便捷性，大幅提升部门间协同配合的效率，并且利用平台留痕机制方便机构监督管理，有效提升证券公司内部治理能力。

海外证券公司和投资银行的数字化实践

一些海外证券公司和投资银行等大型金融集团早在 20 世纪 90 年代就开始探索数字化转型和升级之路，在各个领域形成了大量的数字化实践成果，主要集中在线上交易、降低佣金、财富管理等领域（见表 4-2）。电子交易技术、互联网技术、数字科技的逐步发展，促使集团盈利模式朝多元化方向发展，数字技术也日渐成为大金融集团混业经营的关键竞争力。综合来看，海外证券公司和投资银行的数字化转型起到了自动化管理、打破服务时空约束、提供智能化服务等作用，有助于提升用户体验，实现投资者的财富增长。

表4-2　部分海外证券公司和投资银行的典型数字化成果

机构名称	数字化成果的名称	数字化成果的功能
嘉信理财（Charles Schwab & Co., Inc.）	嘉信智能组合（Schwab Intelligent Portfolios）	通过机器人顾问监控和管理客户的投资组合，能自动平衡投资组合的标的结构和风险敞口
	加密货币交易所交易基金（ETF）	提供全球加密生态系统的交易途径，降低成本，提高嘉信理财ETF的透明度
富达（Fidelity Brokerage Services LLC）	线上智能投资顾问（Fidelity Go）	构建基于人工智能的投资顾问，为客户建立多元化投资组合。咨询管理费用低，开户无最低限额
	独立管理账户（FidFolios）	全数字化的指数产品，让投资者自己定制包括指数、股票、ETF在内的一篮子资产组合
高盛（The Goldman Sachs Group, Inc.）	指数基金加速器（ETF Accelerator）	运用人工智能等技术赋能投资经理快速、高效地构建最优ETF组合
	数字化平台（Marquee）	聚焦投研、交易和风险管理的一站式综合金融服务平台
摩根士丹利（Morgan Stanley）	全球计划系统（Global-based Planning System）	为客户提供包含教育、就业、旅行、购房、退休等全生命周期的金融服务
	智能投资顾问平台（Access Investing）	数字化投资平台，向投资者提供多样化的投资顾问服务
摩根大通（J P Morgan Chase & Co.）	摩根大通币（JPM Coin）	推出加密数字货币摩根币，应用区块链临时结算客户交易
	智能投资顾问（You Invest）	根据投资者风险偏好、投资目标等，应用人工智能推荐和自动调整投资组合
瑞银集团（UBS Group AG）	财富管理大平台（One Wealth Management Platform）	构建涵盖了瑞士银行所有产品和服务，能满足世界各国客户多样化投资需求的数字化财富管理平台
	环球家族办公室（Global Family Office）	为全球财富管理客户提供交易、投融资、并购等咨询服务

资料来源：公司官网、公司年报。

不同类型证券公司的数字化转型路径

　　整体上看，虽然证券业对信息技术的总投入稳步上升，但大部分证券公司的投入水平较低，头部证券公司与中小证券公司的投入差距较大（见图 4-2），可能会拖缓行业的数字化进度。此外，头部证券公司的业务资源覆盖面更广、融资能力更强，证券业内部的数字鸿沟可能会进一步扩大。

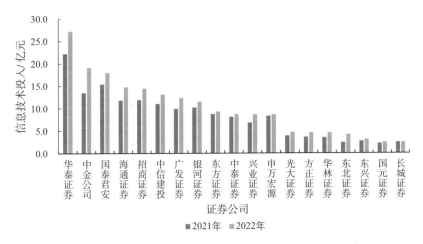

图 4-2　2021 年、2022 年部分上市证券公司信息技术投入情况

资料来源：各家上市证券公司年报。

　　头部证券公司：高度自研、整合资源。头部证券公司重视业务系统的整体优化，更加偏向于科技与业务的深度融合，引领着证券行业的数字化变革。表 4-3 以华泰证券、中金公司、中信建投为例，简要列出了其数字化战略和数字化产品，其数字化战略将各业务条线有机整合，并且数字化产品的自研比重较高，较好地实现了数字化业务与传统业务的有机结合。

表 4-3   部分头部证券公司的数字化成果

证券公司	数字化战略	数字化产品
华泰证券	全业务链协作、线上线下一体、境内境外联动	涨乐财富通：为投资者提供定制化财富管理方案的自研平台 融券通 4.0：全流程线上化的证券交易平台，具备智能撮合、AI 定价、券池管家三个核心技术 天天发：操作便捷、随取随用的现金管理工具
中金公司	"数字中金"投资银行+投资+研究	智能投资顾问 Jinn：重视零售客户的体验，搭建"人+数字化"的复合服务模式，促进投资顾问专业化 "中国 50"计划产品池——跨市场、跨区域、全方位的业务覆盖，长期进行业绩跟踪，实时监控交易数据，为客户实现资产保值
中信建投	一站式理财服务	蜻蜓点金 App：覆盖投资、理财、炒股、基金、证券等多个业务领域的交易平台，安全程度高，信息获取速度快

资料来源：各家上市证券公司 2022 年年报。

中小证券公司：有的放矢、深耕重点。中小证券公司基于自身已有客群和比较优势提供差异化的定制数字服务，并在相对擅长的领域持续深耕。例如，安信证券持续发力于线上获客领域，一方面与各类大型客户流量渠道深化合作共享客户，另一方面不断探索"短视频+直播"的模式，将公域平台客户导流至私域自有平台，打造特色化品牌，吸引年轻一代投资者使用其数字化服务。另有一些中小证券公司也成功地推出了具有代表性的数字化产品，详见表 4-4。

表 4-4   部分中小证券公司的数字化成果

证券公司	数字化战略	数字化产品
中泰证券	提高透明化、规范化、标准化的数据治理能力	XTP 交易平台：自主研发的极速交易柜台，服务机构投资者，吸引了行业 90% 的量化私募机构
国金证券	金融科技与传统业务持续深度融合	佣金宝 App：聚焦客户的多元化投资需求，打造客户画像体系和产品画像体系，以每个客户为核心开展智能推荐服务

续表

证券公司	数字化战略	数字化产品
东吴证券	业务引领、科技赋能	加强与新兴金融平台的合作：参与同花顺的私募产品代销等新项目试点，并引入了京东金融等新的合作伙伴

资料来源：各家上市证券公司 2022 年年报。

数字技术推动证券期货公司构建长期竞争优势的核心路径

现阶段证券公司业务同质化严重，中小证券公司竞争压力较大，甚至缺少完善的风控合规体系。几乎所有证券公司都面临财富管理如何为客户的资产增值的难题，数字化并不意味着能够使投资者的资产增值。例如，有研究者运用中国一家证券公司的投资者层面数据研究发现，通过使股票交易的相关信息在投资者的在线交易屏幕上更为突出地显示，投资者的处置效应（disposition effect）反而增加了。[1]

目前，大企业的数字化转型程度越来越高，但很多中小企业需支付较高的数字化成本，所以实现所有经营数据线上化的难度较高，同时也无法确保输入的原始数据无误，甚至有舞弊的可能。此外，因为企业经营数据为商业机密，透露本企业数据可能影响到价格谈判、毛利率等，企业需要维持信息不对称的现状以保持一定的利润。所以即使一家企业有较高的数字化程度，想与上下游企业进行数据层面的交叉验证也有一定的难度。

展望未来，随着区块链、隐私计算等数字技术的进步和完善，企业的

---

[1] Frydman C, Wang B. The impact of salience on investor behavior: Evidence from a natural experiment [J]. The Journal of Finance, 2020, 75(1): 229−276.

所有交易数据能够实现线上化，上下游企业之间能够形成闭环，数据层面实现了交叉验证，所有会计科目和报表信息可以保障真实性，同时 IPO 所有申请材料能够通过数字化工具真实获得，那么，证券公司作为"投资银行"的角色会被大大弱化。全面注册制下，证券公司作为"投资银行"的角色将越来越聚焦于企业的价值挖掘，而非传统的数据收集、材料申报等标准化工作。

总体而言，数字技术只是赋能证券公司的业务，真正支撑销售、投资银行和资产管理等业务的核心还是证券公司的宏观和产业研究能力。产业研究对于了解行业的发展情况、上下游企业的关联、行业竞争、技术演进路径等有较大作用，是进行公司估值和合理投资的前提。但是目前各家证券公司的工作模式和研报内容呈现严重的同质化，甚至还会出现抄袭的情况。2021 年，证券业共计发布研报 20.50 万篇，其中深度报告为 26465 篇，仅占 12.91%。[1] 增加研究深度和内容的多样性、利用数字技术赋能宏观和产业研究，将是证券公司构建长期竞争优势、形成品牌特色的重要途径。

典型案例——证券公司的数字化转型 [2]

浙商证券对数字化转型的重视和数字技术的运用是其良好发展的重要因素，其已经建立了"1683"的数字化建设体系。"1"代表以"数字浙商"为战略导向，成立了数字化改革领导小组和数字化改革办公室，加强了顶层的统筹规划。"6"明确了六大目标，即业务数智化、服务精准化、产品智能化、决策科学化、管理信息化和风控精细化。"8"代表打造了八大数

---

① 数据来源：中国证券业协会《中国证券业发展报告（2022）》。

② 本案例经浙商证券股份有限公司同意且授权使用，所有内容经过了该公司修改和确认。感谢浙商证券提供的帮助。

字生态，即经营管理、零售经纪、融资融券、资产管理、投资自营、投资银行、机构业务和全面风控。"3"指建立了三大平台，即数字中台、技术中台和运营中台。

浙商证券也积极探索行业前沿科技，不断加强对区块链、人工智能、数字孪生等技术的运用。例如，其率先引入区块链技术，实现了底稿"上链"，并成为首批参与建设证券行业联盟链自持节点的证券公司之一。而且，在确保系统安全的前提下，以分布式技术和云计算技术为基础，构建了从服务器、数据库到操作系统、网络设施的技术 IT 新架构，满足了处理日益增长的实时业务交易量的高稳定性要求。

由表 4-5 可知，浙商证券目前已构建了四大数字金融平台，通过运用这些平台，浙商证券在日常经营上降低了人工成本，实现了服务效率的显著提升，并增强了应对风险的能力，同时也提高了内部的协同性和整体性。此外，这些平台有助于满足各类用户独特的投资需求，向他们提供不断升级的高质量智能化产品，充分提升客户体验。而且能够进一步提振公司口碑、吸纳核心客群，促进长尾客户向高净值客户转换，最终形成正向闭环。

表 4-5　浙商证券构建的数字金融平台

数字金融平台	服务内容
数字零售服务体系	以精细化和个性化为目标导向，千人千面地精准推送；对零售客户进行画像重塑，提供一站式理财陪伴服务
机构增值服务生态网络	研发了极速交易系统，服务机构用户；提供量化投资工具，持续推进机构一体化平台建设
数字投行体系	助力投行展业人员更好地服务待上市企业；为机构客户提供更加专业高效的 IPO 服务
新数字金融产品体系	包括智能客服、智能选股、智能盯盘等工具；支持客户语音输入口语化问句后一键式选股；助力服务长尾客户，节约人力资本，吸纳广泛客群

资料来源：浙商证券。

典型案例——期货公司的数字化转型 [1] ✨

永安期货抢抓数字经济时代机遇，将数字化转型与公司发展紧密结合，制定了"数智永安"战略，为搭建富有永安特色的数智金融平台打开了崭新局面。风险管理业务是永安期货的重要业务板块之一，客户差异化明显、个性化需求旺盛，传统的风险管理业务体系已无法满足日益增长的风险管理需求。针对这些痛点、难点问题，永安期货积极探索金融科技时代期货风险管理业务的转型升级方向，形成了包含数智画像、数智搭链、数智筑防的数字化转型体系，使数字化赋能客户服务、业务流程、风险管控等环节。

数智画像部分精准描绘客户画像，服务客户的差异化需求。对于风险管理业务客户的需求，永安期货始终以客户为中心，将数字化思维和数字技术融入风险管理业务前端。用大数据精准描绘客户画像，分析客户需求偏好，为客户量身定制差异化服务方案，积极创新业务模式，力求给客户提供最合适、最优质的服务。此外还构建了评价模型和评分体系，控制客户信用风险。针对现货、场外、仓储等客户构建准确的客户评价模型和评分体系，形成一整套标准化、常态化、系统化的客户"数据库"运行机制。业务人员可以借助综合得分和系统建议直观地判断客户资质，能够在业务前端及时把控客户信用风险，实现风险前移。凭借良好的客户信用风险控制，永安期货风险管理业务快速增长，已累计服务 1.2 万余家上市公司、产业龙头及中小微企业，业务足迹遍布全国 30 多个省份、全球 23 个国家和地区。

---

[1] 本案例经永安期货股份有限公司同意且授权使用，所有内容经过了该公司修改和确认。衷心感谢永安期货提供的帮助。

数智搭链部分强化全链路协同，确保业务操作安全可控。首先通过精细化管理，保障仓储方货物周转安全。永安期货借助数字技术加强对自有仓库和贸易商厂库的库存、出入库、信用仓单的数字化精细管理，通过上下游协同、多向联动，一方面避免了库存不清、一货多卖等情况的发生，大幅提升了货物的安全防护能力；另一方面也通过在线实时管理仓库指令，进一步提升了业务周转效率。其次通过数字化赋能，科学规避资金方操作风险。永安期货积极建立风险管理业务的数字化模型，构建与商业银行的深度连接，结合出入金、票据、信用证等实现财务资金的在线管理。在线财务资金管理以数字技术为依托，能够高效跟踪客户以及合同的资金往来情况和实时资金占用情况，大幅提升业务办理效率，降低系统操作风险，在很大程度上也促进了业务单元的加速发展。目前，永安期货风险管理业务已经打通了与 14 家商业银行的合作，年度资金流水近 10 万笔。最后通过线上化指令，确保业务对手方交易及时高效。永安期货将数字化技术广泛应用于风险管理业务的交易指令管理，确保业务对手方的交易指令执行更及时、安全、高效。以与保险公司开展"保险＋期货"合作为例，线上化指令更加明确、简洁，有助于节约交易成本、化解交易风险，进一步助推"保险＋期货"业务快速发展。仅 2023 年上半年，永安期货共开展了 70 多个"保险＋期货"项目，覆盖全国 15 个省份，涉及 8 个农产品期货品种，承保现货超过 8 万吨。

数智筑防部分打造智能风控体系，完善风险监控机制。首先，全方位打造了智能风控模型。为应对风险管理业务日益复杂多变的风险管控需求，永安期货加快搭建数智风控模型，以"电子化＋可视化＋结构化"的风控视图、"线上化＋标准化＋稳定性"的风控流程、"量化＋模型化＋自动化"

的风险决策为支撑，对信用风险、价格风险、流动性风险、合规风险、操作风险等各类风险实现"先知、先觉、先行"，形成了一套具有永安特色的综合风控模型，实现了风险场景的全覆盖。其次，多维度完善了风险监控和预警机制。永安期货一方面致力于"风险可观"，建立了运维监控中心，以实现："实时看"——实时监控合同、出入库、资金等交易执行情况，及时预警相关风险；"每日看"——在每日结算时，系统自动生成日度交易和风险汇总报告；"全面看"——通过"管理驾驶舱"详尽的指标体系，实时反映业务运行状态，为公司经营管理层提供一站式决策支持解决方案。永安期货另一方面通过模拟价格波动实现"风险可测"，既可以按业务单元测算盈亏和风险敞口，也可以按品种测算盈亏和风险敞口。下一步，永安期货还将探索建立"数据＋模型＋平台"的智能模式、"共享＋开放＋融合"的生态机制、"金融＋科技＋场景"的风控大脑，持续助力风险管理业务的创新发展。

近年来，永安期货倾力打造"数智永安"，积极构建数字期货生态圈，充分运用数字技术，逐步打造了富有永安特色的数智化运营体系，在业务数字化、投研一体化、运营精细化、营销网络化、合规智能化等方面都取得了丰硕的成果。例如，"源点资讯投研平台"依托永安期货强大的研究团队力量，实现投研成果价值最大化，该项目2019年获得"浙江金融改革创新奖""浙江省金融科技十大案例""第六届证券期货科学技术奖"。"私募基金线上化系统"率先实现行业内个人投资者私募基金交易全流程线上办理，高效联通私募基金管理人、托管人、销售机构和合格投资者，入选"2020年度金融科技十大案例"，并被中国人民银行评选为"2020年度金融科技发展奖二等奖"。

　　未来，永安期货将继续以"数智永安"驱动创新，以智能风控强化支撑，加快融入数字化转型大趋势，聚焦服务实体经济和共同富裕示范区建设大局，积极谋求高质量发展、新业务创新和竞争力提升，不断迭代升级公司业务模式和管理体系，努力推动数字经济创新取得更多突破性成果，为期货行业的数字化转型增添新的力量。

第 5 章

保险业的数字化转型

距今 3000 多年前,《汉穆拉比法典》记载了最古老的保险方式:共同分摊补偿损失机制。[1] 随着贸易活动的多元化和分工专业化,保险从最初的互助形式逐步发展到海上保险、人寿保险等险种,最终形成了现代保险产业体系。虽然保险业是适应数字化转型最慢的行业之一,但是第四次工业革命技术(例如云计算、物联网、人工智能等)的到来仍然极大影响了传统保险的业务模式。[2] 新技术改变了保险公司与客户的交互方式(例如智能客服);新技术通过自动化、标准化提高了业务流程的运作效率(例如数字理赔);新技术还重塑了传统保险产品(例如远程保险)并催生了新的业务模

---

[1] 魏华林 . 论人类对保险功能的认识及其变迁 [J]. 保险研究, 2004 (2): 9-15.

[2] Biener C, Eling M, Wirfs J H. Insurability of cyber risk: An empirical analysis[J]. The Geneva Papers on Risk and Insurance-Issues and Practice, 2015, 40(1): 131-158.

式（例如互联网保险）。

作为后起之秀的保险业，其数字化转型的推动力量至少有以下几点：其他领域的数字化转型让人们对即时服务的体验要求提高，传统保险模式面临客户流失的问题；外部竞争者（例如互联网保险）迫使传统保险机构进行转型；可持续发展理念成为社会主流，保险公司进行数字化转型同样契合环境、社会和治理（ESG）理念。

保险业技术应用的发展历程

改革开放后，我国恢复了保险业务，彼时的业务处理都是手写各类保单和利用算盘计算财务数据。但是保险业的本质是"大数原则"，其所具备的资金和信息密集性让手工计算捉襟见肘，因此该行业必然是数字技术的重要落地场景。虽然保险业的数字化进程落后于银行业和证券业，但金融科技同样深刻改变了保险业的面貌，帮助保险业实现了保险需求与服务的精准匹配。目前保险业正在向智能化阶段演进（见图 5-1）。

图 5-1 保险业数字化历程

信息化阶段。计算机技术的发展推动着保险公司逐步搭建以保单为中心的电话中心系统、自营官网等基础信息设施。此时线上环节主要承担资讯宣传功能，且数据呈孤岛化，业务线上化处理未能普及，用户进行投保、核保、理赔等业务仍需要在线下环节进行。

线上化阶段。互联网的普及促使销售、核保、理赔的线上化率得到提升，传统大型保险公司纷纷成立互联网保险分支机构，头部互联网公司则依托流量和科技的天然优势迅速切入保险市场。中国首家互联网保险公司——众安保险——也在该阶段应运而生（见图5-2）。

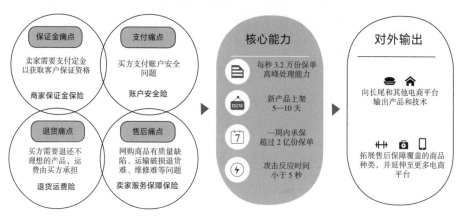

图 5-2 众安保险利用数字技术赋能消费生态

资料来源：众安保险官网。

数字化阶段。大数据、生成式人工智能（AIGC）、物联网、隐私计算等技术的应用驱动保险科技热潮，系统架构进一步松耦合化，软件灵活性和可维护性提升，保险机构的自主研发能力得以显著增强。保险业将延展出五大特性。一是互联化，可穿戴设备、增强现实（AR）/虚拟现实（VR）技术等可以实时评估风险。二是定制化，大规模个性化定制成为常态。三是生态化，"业务、技术、数据"融合将覆盖大量生活场景。四是健康化，老龄化社会的到来将增加健康类保险的需求。五是自动化，IPA（智能流程自动化）将简化核保和理赔服务。

保险业数字化转型的重点领域

由图 5-3 可见，保险业数字化转型的全链条离不开三个核心环节：营销（业务端）、研发（技术端）、理赔（数据端）。这些核心环节将会对保险机构与客户之间"低频交易、弱连接"的关系进行重塑。

图 5-3　保险数字化转型重点

数字化营销。数字技术是提升获客能力和拓宽营销渠道的利器。保险机构一方面可以通过大数据对个人年龄、保险意识、安全状况等信息的挖掘形成客户画像，准确识别其保险需求；另一方面可以依托 App、微信小程序等线上渠道或者对接第三方平台（如滴滴出行），围绕出行、医疗、房产等生态场景进行产品销售。

数字化产品研发。数字技术主要从拓展细分场景、优化风控模型、自动化生产流程三方面进行科技赋能。细分场景上，保险机构可以基于用户的历史理赔数据等挖掘更多个性的保险需求并实现更精准的定价，建立增量市场；优化风控模型上，保险机构利用人工智能、区块链等技术构建反洗钱、智能合同、欺诈识别等风险预警模型，通过自动化测试沙箱进行风险模拟和压力测试；自动化生产流程上，保险机构依托光学字符识别（OCR）、自然语言处理（NLP）等技术将需求挖掘、产品设计、精算定价、风险测试、条款编写等流程数字化，提高服务效率。

美国大型人寿保险公司恒康金融（John Hancock）就是颠覆传统承保的典型案例。根据公司官网，自 2018 年 9 月 19 日起，恒康金融停止传统人寿保险业务模式，取而代之的是与科技集团 Vitality Group 合作，推出了一种独特的智能保单，该保单要求投保人佩戴 Fitbit 运动手环以建立与健康数据的联系。相比普通人寿保险，这种新模式不仅有利于沉淀更海量的数据，帮助精准定价，投保人的保费也可以降低 25%，而且它通过积分的方式激励用户加强运动，符合条件的用户还可以获得癌症筛查等医疗服务，真正做到了保险公司与保单持有人的互利共赢（见表 5-1）。

表 5-1　普通人寿保险与"Vitality Plus"人寿保险比较

比较维度	普通人寿保险	"Vitality Plus"人寿保险
寿终保护	√	√
参加"Vitality Plus"计划可节省高达 25% 的保费	×	√
美国唯一提供"Vitality"的人寿保险公司，"Vitality"是一项以科学为依据的激励计划	×	√
来自 Apple Watch、Fitbit、亚马逊（Amazon）、Expedia、安伊艾（REI）等独家合作伙伴的奖励和折扣	×	√

续表

比较维度	普通人寿保险	"Vitality Plus" 人寿保险
获得早期癌症筛查服务；符合资格的"Vitality"客户可以使用 Galleri（一种多癌症早期检测工具，可筛查 50 多种癌症）	×	√

资料来源：恒康金融官网。

数字化理赔。 结合聊天机器人等技术；算法优化报案、查勘、理算三大理赔流程。例如在车损险中（见图 5-4），保险机构利用物联网实时向驾驶中的用户推送安全驾驶警告，当用户遇到驾驶事故时，可以立刻通过手机端上传车辆受损情况，相关信息经自动欺诈检测后再由案件识别系统进行归类，由系统为用户分配时间和空间条件上最优的查勘员和汽车维修店，最后由保险机构线上接收维修发票进行赔付，即所谓端到端数字化客户旅程。

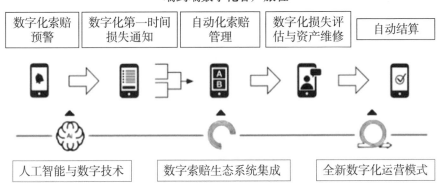

图 5-4　车损险的数字化理赔流程

资料来源：麦肯锡咨询公司官网。

我国保险机构的数字化转型路径

大型保险公司。我国保险业市场集中度高，头部保险公司占据近80%的市场份额[①]，其数字化起步早，研发资金预算充裕，对核心系统自主可控要求高，例如中国人寿、中国平安、中国人民保险等均已设立科技子公司，建立多地研发中心以支持业务系统实现快速响应。此外，大型保险公司积极延伸数字化平台的边界，涵盖客户、员工和合作伙伴等，做到业务赋能与科技输出并重，例如中国太平保险推出了面向企业客户的"福享太平"、面向员工的数字化管理系统等（见表5-2）。

表 5–2　大型保险公司数字化战略与措施

保险公司	相关科技公司	企业战略与措施
中国太平	太平金融科技	2022年发布"1+N"数字化转型工作方案，完成了人寿保险、财险、养老保险、海外保险等新一代核心系统改造计划；推出面向企业客户的一体化平台"福享太平"，在105个流程场景中得以应用；车险理赔在业内首创"一线通"服务，70%以上出险车辆在20分钟内完成赔付
中国人寿	国寿电商	深入践行"科技国寿"发展战略，建成以队伍和网点为支撑、业内领先混合云为基础、线上线下紧密结合的数字化平台，构建开放共赢、丰富多元的数字保险生态，加速推进公司全方位数字化转型
中国人民保险	中国信息科技、人保金服	推动人保科技设立，明晰人保金服定位，加快构建"双轮"驱动、"双层"架构的IT治理和运行体系，开工建设廊坊数据中心，加快佛山信息中心扩容，推进核心业务系统改造，面向一线增强系统开发支持，加大科技赋能力度

---

① 数据来源：国家金融监督管理总局、公司年报。

续表

保险公司	相关科技公司	企业战略与措施
中国平安	平安科技、平安普惠、平安智慧城市、平安金服、平安医疗健康管理等	通过研发投入持续打造领先科技能力，广泛应用于金融主业，并加速推进生态圈建设。平安对内深挖业务场景，强化科技赋能；对外输出领先的创新产品及服务，促进行业生态的完善和科技水平的提升。截至 2023 年 6 月末，平安拥有由近 3 万名科技开发人员和超 3500 名科学家组成的一流科技人才队伍
中国太平洋保险	太保科技	2017 年正式启动"数字太保"战略。目前，大数据战略围绕"数智太保 DiTP 规划"，建成投产"两地三中心"和"一云多芯"新云，基于大模型技术的数字化员工等智能化标杆投入应用，数据治理、网络和信息安全等基础建设稳步推进

资料来源：公司年报。

中小型保险公司。 中小型保险公司自身业务同质性高、客户信任度低、预算有限，只能通过"找长板、补短板"进行短期增益型的科技赋能，例如国任保险借助腾讯上云，为后期的软件开发与运维减负，向轻资产部署模式转型，三峡人寿和百年保险资产管理有限责任公司从基础数据设施到业务管理分阶段进行转型。此外，中小型保险公司采用了抱团合作的方式，目前国内成立了保险科技创新"保创联盟"，致力于打造"保险行业信息交流平台、保险科技创新成果展示对接平台、保险科技生态协同发展平台"[①]，为破解保险业内数字鸿沟问题做出了有益探索。

保险中介。 所谓保险中介，即保险机构之间或保险机构与投保人之间的"桥梁"。随着保险机构自身数字渠道的不断延伸，保险中介的机构和代理人数量正逐步减少，其业务也呈现线上化趋势。不同类型的保险中介具备不同的数字化转型优势：中元保险经纪有限公司运用中国人民保险集团的金融云，腾讯微保依托腾讯过硬的技术实力和庞大的用户基础，江泰保

---

① 根据人保金融服务有限公司的定义。

险经纪股份有限公司拥有国有股东丰富的产业资源，北京保准牛科技有限公司拥有自研平台智能专家系统，等等（见表5-3）。但是中小型保险中介机构大多直接购买一站式解决方案，从产品对接、客户分析、代理人管理等方面进行局部的数字化转型。

表 5-3　不同保险中介的数字化转型优势

保险中介类型	代表性品牌/企业	数字化转型优势
大型保险集团设立的保险中介公司	五星在线保险销售有限公司、中元保险经纪有限公司等	依托大平台的资源优势
互联网巨头设立的保险中介公司	腾讯微保、水滴保险商城等	依托互联网的流量优势
产业巨头设立的保险中介公司	昆仑保险经纪股份有限公司、江泰保险经纪股份有限公司等	依托特定的产业资源
科技型保险中介公司	北京保准牛科技有限公司等	依托专业化的细分技术

国际保险业的数字化路径

许多国外的保险公司开始推动数字化转型的时间较早。由表5-4可知，美国好事达保险公司早在2006年就打造了创新实验室用于数字化转型，目前在决策建模、数字索赔、虚拟助手三个领域卓有成效；德国安联保险公司则将数字化转型战略分为两部分，一方面推出丰富的线上养老保险品种，搭建投资保险生态的数字孵化器，从外部经营层面提升数字化影响力；另一方面推进数字化流程的使用，建立数字工厂以集成客户方案，从内部治理层面完善数字化能力。国外保险公司在营销、承保、防灾防损、分保、理赔等领域提供了鲜活的数字化案例和独特的实践经验。

表 5-4　国外保险机构的数字化转型经验

公司名称	创新举措	数字化方式和成效
美国好事达保险公司（The Allstate Corporation）	早在 2006 年于总部芝加哥建立了创新实验室，目前已经创建了数字化转型办公室（DTO）。与旗下子公司 InfoArmor 和技术公司 Arity 合作发展保险科技	决策建模（decision modeling）：无代码、可重复、用户友好型的规则管理系统 数字索赔（digital claim）：利用 QuickFoto 软件线上处理车险，流程缩短三天以上 虚拟助手（virtual assist）：通过实时视频功能让财险技术人员可以远程估计损失，理赔速度更快，并且减少了员工的碳足迹
美国前进保险公司（The Progressive Corporation）	公司大量购买软件，例如在 2015 年购买用于协作的 Avaya Aura，在 2016 年购买用于分析的 Microsoft Power BI，在 2014 年购买用于机器学习和数据科学的 H2O Open Source ML等；同时积极参与战略技术伙伴关系合作，在 2023年该公司与远程信息处理公司 Zendrive达成合作	车险领域：在 2015 年推出一款货运风险评分模型（参数包括驾龄、安全性、稳定性等）；在 2017 年推出 Smart Haul 车载装备，自动监控风险数据的同时帮助司机规避驾驶风险 智能客服：目前已经部署了六个以上的机器人，用于回答客户关于保险计划的提问，并为其启用了微软 Azure认知服务
德国安联保险（The Allianz Group）	外部数字化（external digitalization）：公司如何向外部世界展示自己，以及如何应对新需求 内部数字化（internal digitalization）：公司内部结构和流程的数字化	外部数字化：丰富的线上养老保险、投资于保险生态的数字孵化器、数据中心等 内部数字化：集成大量客户解决方案的全球数字工厂、数字化流程（DevOps 运营模式）等
法国安盛保险（The AXA Group）	公司成立 AXA 硅谷实验室，加大营销数字化研究力度。成立风险投资基金 AXA Strategic Ventures 以及保险科技孵化器 Kamet，致力于保险产品创新	创立电子商业平台（digital commercial platform）：一部分是安盛智能服务（AXA Smart Services），为客户和安盛内部用户（如承销商、定价团队等）提供数据技术支持；另一部分是安盛气候（AXA Climate），为机构用户提供数字化咨询和培训等

续表

公司名称	创新举措	数字化方式和成效
英国英杰华保险（Aviva plc）	与科技公司 Digital Risks 合作，为初创企业和中小企业开发个性化保险。在 2022 年成立风险投资公司 Aviva Ventures，致力于投资物联网、数据分析等领域	在 2015 年创设数字车库（Digital Garage）实验室，随后推出数字化理赔系统。在 2017 年推出智能系统处理低风险理赔案件

资料来源：公司官网。

保险业数字化转型的效果

保险业数字化所带来的效果主要可以分为四大方面。第一，个人用户参与金融市场往往受到较高信息搜寻成本的困扰，而线上渠道的时效性和快捷性能够有效地降低交易成本，提高保险服务的可获得性。[①] 第二，数字技术可以简化工作流程、增强客户体验、提升风险管理的有效性，对保险公司价值具有正向的促进作用。[②] 第三，保险公司可以调整自身的投资组合，将规模控制在合理范围内，既可以对国家重大工程建设起到支持作用，又能够避免成为金融危机中的"风险放大器"。[③] 第四，数字技术的冲击同样具有辩证的两面性，大型保险机构能够通过数字技术提高市场竞争力，而

[①] Jack W, Suri T. Risk sharing and transactions costs: Evidence from Kenya's mobile money revolution[J]. American Economic Review, 2014, 104(1): 183−223; Garven J R. On the implications of the internet for insurance markets and institutions[J]. Risk Management and Insurance Review, 2002, 5(2): 105−116.

[②] Fritzsch S, Scharner P, Weiß G. Estimating the relation between digitalization and the market value of insurers[J]. Journal of Risk and Insurance, 2021, 88(3): 529−567; Koijen R S J, Yogo M. New perspectives on insurance[J]. The Review of Financial Studies, 2022, 35(12): 5275−5286.

[③] 王桂虎，郭金龙. 保险服务实体经济的效率测算及其影响因素研究——基于欧洲国家的经验 [J]. 保险研究, 2019(8):3−18.

中小型机构则会遭受数字技术带来的挤出效应，其经营绩效不升反降，这也是保险监管政策所需要优化的方向。[①]

典型案例——保险公司数字化转型[②] 💡

友邦人寿保险有限公司（简称友邦人寿）是友邦保险有限公司（简称友邦保险）旗下的全资子公司，经营中国的人寿保险业务，正着力打造数字化平台以覆盖客户保险旅程的各个环节。作为首家外资独资人身保险公司，友邦人寿在中国保险市场具有重要地位。

友邦人寿的数字化转型进程分为两个阶段。第一阶段是实现数字化，在"云优先"（Cloud first）战略的指导下，友邦人寿逐步推动业务系统从传统数据中心迁移到云计算平台，并利用数字技术为前线员工提供支持。第二阶段是迈向智能化和数据化方向，在运营过程中应用人工智能和大数据等技术，进一步提升运营效率和增强管理决策能力。友邦人寿目前已经在向第二阶段迈进。

友邦人寿在 TDA（technology, digital & analytics，即科技、数字化和分析）策略的引领下，通过数字技术实现了"业务数据化"和"数据业务化"，不仅提高了公司的内部效率和管理水平，还为客户提供了更便捷、个性化的保险服务，为保险业的数字化转型实践提供了创新示范（见图 5-5）。

[①]　Chang V Y L. Do InsurTech startups disrupt the insurance industry?[J]. Finance Research Letters, 2023, 57(C): 104220.

[②]　本案例经友邦人寿保险有限公司同意且授权使用，所有内容经过了该公司修改和确认。衷心感谢友邦人寿提供的帮助。

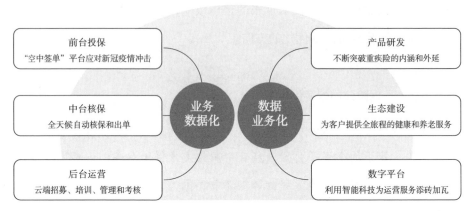

图 5-5　友邦人寿的数字化转型路径

业务数据化。友邦人寿通过系统上云和数据上云的同步推进以实现前、中、后台业务的数字化。在前台投保方面，通过"空中签单"平台应对新冠疫情冲击，恢复了 80% 的业务量。在中台核保方面，云端部署服务实现了全天候自动核保和出单，节省了 30% 的人工及设备成本。在后台运营方面，利用云端招募、培训、管理和考核形成了精细化管理体系，提高了营销员出单率和留存率。

数据业务化。友邦人寿利用不同客群的反馈数据，通过产品研发、生态建设和数字平台的完善以满足多元化业务需求。在产品研发方面，友邦不断突破重疾险的内涵和外延，打造了"友爱防癌"一站式服务平台，同时推动财富管理和个人养老金保险产品的发展（如分红、万能、投连等新型产品）。在生态建设方面，建立专家团队为客户提供全旅程的健康和养老服务，例如提供健康管理服务的"愈从容""友爱防癌"和提供居家养老服务的"康养管家"。在数字平台方面，友邦人寿充分利用智能科技为运营服务添砖加瓦，例如智能理赔应用"智赔宝"、实时咨询助手"智能小友"、全场景保险生活数字平台"友邦友享"，提升了客户咨询与理赔的即时性和便捷性（见表 5-5）。

表 5–5　友邦人寿的数字平台

产品名称	产品功能	数字化成效
智赔宝	1. 理赔智能相机服务：拍照防抖、自动识别资料种类、拦截模糊图片上传等 2. 自主研发 AI Claim Commander（人工智能索赔指挥官），包含审核引擎、理算引擎和 AI model（人工智能模型），实现理赔作业标准化、自动化、智能化 3. 应用范围：友邦人寿的"友邦友享"App 和"爱服务"App、理赔系统	1. 自动化率提升至 60%以上 2. 准确率维持在 99%以上 3. 理赔时间缩短一天以上 4. 互动式理赔申请，提升客户体验
智能小友	1. 全天候在线咨询服务 2. 多元化客户沟通渠道：友邦保险官方微信、友邦团险公众号和友邦友享 App 等 3. 营销员便捷展业的辅助工具：保险营销员可以随时使用智能小友的智能查询功能，更快更准确地为客户提供专业解答	1. 实现对客户全天候零等待的智能回复 2. 提升客户和保险公司沟通的便捷性 3. 提高保险营销员工作效率和专业性
友邦友享	1. 保单服务整合：包括保单查询、个人信息管理、保单借还款以及线上理赔等功能 2. 健康管理服务：提供全旅程的健康管理服务，包括健康评估、健康服务管理和使用、健康建议和追踪等 3. 财富保障推荐：包括保险保障规划和需求分析以及保险产品推荐等 4. 会员权益与福利：提供一系列会员权益和福利，不断促进友邦人寿与客户之间的互动，陪伴客户成长 5. 提供个性化客户推荐：根据不同客户的客群特征，精耕细作并有针对性地提供服务场景，满足客户人生各阶段的不同需求	1. 综合性和便捷性提升 2. 简化理赔流程 3. 健康管理和财富管理的赋能 4. 赋能渠道经营，提升营销效率

DIGITAL
FINANCE

————

第 6 章

资产管理行业的数字化转型

　　量化投资界的传奇式人物詹姆斯·西蒙斯曾说："我是模型先生，不想进行基本面分析，模型的优势之一是可以降低风险。而依靠个人判断选股，你可能一夜暴富，也可能在第二天又输得精光。"[①] 数学模型固然是量化投资的优势，使得马科维茨投资组合理论、资本资产定价模型（CAPM）和有效市场假说等经典理论与实务操作有机结合（见图 6-1）。但只有人工智能等数字技术的有效应用，才能让数学模型发出光彩，推动资产管理机构的投资方式发生变化。

---

① Zuckerman G. The Man Who Solved the Market: How Jim Simons Launched the Quant Revolution[M]. Portfolio, 2019.

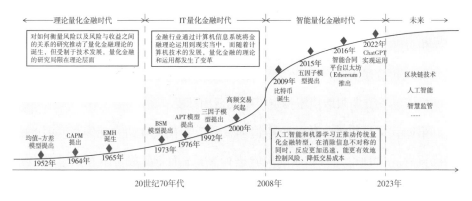

图 6-1 数字技术发展、资产配置与量化投资

注：图中 CAPM 表示资本资产定价模型，EMH 表示有效市场假说，BSM 模型表示布莱克—斯科尔斯—默顿模型，APT 表示套利定价模型。

传统资产管理公司与量化投资公司

相较于传统资产管理公司，量化投资公司更多地依靠数学和算法，以提高信息准确度、减少人为主观情绪影响，实现超额回报。两者的差异主要体现在以下四个方面（见表 6-1）。

第一，投资策略。传统资产管理公司基本采用价值投资或周期投资，例如伯克希尔·哈撒韦公司、橡树资本、桥水基金等，而量化投资公司主要依靠数理模型，采用量化策略，例如文艺复兴科技公司、双西投资（Two Sigma）、幻方量化等。

第二，分析方法。传统资产管理公司多使用基本面分析和技术分析，其坚信"价格围绕价值上下波动"；而量化投资机构依靠大数据驱动，主要使用数学模型和算法分析。

　　第三，投资目标和期限。传统资产管理公司的投资目标是资产增值，其逻辑就是用时间换空间，所以通常进行长期投资；量化机构的投资目标就是实现收益最大化，因此，既可以专注于短期市场波动，也可以专注于长期投资，投资期限取决于投资模型的适用情况。

　　第四，交易决策。传统资产管理主要依靠投资者的主观判断，因此需要投资者凭借理论储备和实践经验进行决策；而量化投资依靠数学模型分析、算法做出决策，很少受到个人主观判断的影响。

表 6-1　传统资产管理公司与量化投资公司比较

比较维度	传统资产管理公司	量化投资公司
投资策略	价值投资或周期投资	量化策略
分析方法	基本面分析、技术分析	数学模型和算法分析
投资目标和期限	资产增值，长期投资	收益最大化，长期或短期
交易决策	人为主观判断	算法 + 人为判断
代表投资机构	伯克希尔·哈撒韦公司、橡树资本	Two Sigma、幻方量化

　　许多传统资产管理机构也采用了量化投资的方法。例如，普信金融（T. Rowe Price）和橡树资本等资产管理机构都利用大数据分析监测市场和经济趋势以更好地了解市场状况；中信证券和华泰证券的资产管理部门利用量化选股，辅助其进行投资决策和风险管理；贝莱德集团（BlackRock）运用量化方法，通过发现不同市场间的非理性价格差异及短期的市场不均衡进行统计套利。

数字技术在资产管理行业中的应用

　　现今资产管理公司的资产配置和量化投资主要由四部分构成：算力、

交易系统、模型构建和风险管理。

数字设施应用于算力提升。所谓算力是指计算机在单位时间内的运算次数，其将直接影响到资产管理公司的决策能力。提供算力的数字基础设施是 GPU 显卡集群。比如，幻方量化用 1 万张 A100 显卡集群，构建了"萤火二号"，AI 算力为 325 PFLOPS（PFLOPS 即每秒运算能力为 1000 万亿次），是"萤火一号"的 18 倍[①]，而如果使用的显卡为 A800，性能上约比 A100 低 46%。[②]

数字技术应用于交易系统。交易系统中应用云计算、人工智能等数字技术，构建底层数据库、投资决策系统和投资管理平台，能够帮助资产管理公司更好地利用沉淀数据做出精准决策并提供优质服务。比如，恒生电子研发的 O45 交易系统覆盖了资产管理业务全流程，包含传统投资交易系统，以及投资与决策，风险、合规与运营管理，估值核算等核心子系统，提供中后台一站式解决方案。[③]

机器学习应用于模型构建。20 世纪后半叶，统计方法的更新和大量影响因子被发掘，使得资产定价能力有所提升。然而由于技术能力不足，难以将观测到的大量因子（因素）纳入模型中，导致资产风险和收益的预测精度较低。机器学习方法的兴起使得模型算法大幅优化，如决策树、随机森林、支持向量机和深度学习等方法支持更复杂的量化模型，其构建的股票层面因子模型中，因子的数量可以多达 300 个。[④]机器学习方法在处理非

[①]　数据来源：幻方量化《GTC 2022：以分时调度共享 AI 超算，弹性运行超大规模深度学习训练》《"萤火二号"超算情况简报》。

[②]　单张 A100 芯片的算力为 19.5 FLOPS，而 A800 芯片的算力仅为 10.6 FLOPS。

[③]　资料来源：恒生电子官方网站。

[④]　Gu S H, Kelly B, and Xiu D C. Empirical asset pricing via machine learning[J]. The Review of Financial Studies, 2020, 33(5):2223-2273.

线性关系、数据挖掘、模式识别矫正和预测等维度具备显著优势，大大提升了信息准确度和投资回报率。

人工智能应用于风险管理。应用了人工智能技术的风险管理系统可以在极短的时间内判断风险，并且有极快的执行速度（以百万分之一秒为单位）。据《华尔街日报》报道，2014 年，美国化妆品零售商 Ulta 的业绩不佳，因此在其发布财报后的 200 毫秒内，高频交易公司以 122 美元的价格卖出了股票，而 700 毫秒后，其股价已跌到 118 美元。要在如此短的时间内对财报中的风险进行判断，并执行交易决策，除了机器，没有人可以做到。

数字技术给资产管理行业带来的改变

数字技术之所以能够推动投资行业发生巨大变革，其原因有四：大数据和云计算改变了传统数据处理和分析方法；机器学习颠覆了传统资产管理机构的策略构建模式，提升了市场预测的准确性；数字技术拓展了资产管理领域；人工智能运用改变了风险管理（见图 6-2）。

图 6-2 传统量化与智能量化的显著差异

　　大数据分析提升了市场预测能力。传统的量化金融研究主要依赖于金融市场的历史数据，包括历史价格、成交量、企业财务报表中的数据等。这些数据元素的含义和关系已经明确定义，通过统计分析就能发现其中的规律，而音视频、社交媒体帖子、新闻报道和声誉等非结构数据中也蕴含了大量信息，却受限于数据处理能力无法被使用。通过处理高维度数据，包括结构化数据和非结构化数据，并捕捉这些因素背后复杂的非线性关系，可以识别隐藏趋势，从而实施精准预测。例如，可以利用算法收集新闻大数据、股吧评论、社交媒体和舆论中的情绪等非结构数据，并运用大数据方法进行清洗，进而构建情绪指标，以此观测市场和参与者情绪变化对投资的影响[1]；利用企业披露的邮件、股东会议记录和财务文本信息探究经理人情绪对投资的影响；等等。[2] 此外，还可以预测股票债券市场的价格、外汇的汇率变化和大宗商品价格变化。大数据分析不仅可以预测价格走势，还可以自动学习预测回报的一般价格模式[3]，且预测决策能使投资组合的超额回报提升 26%[4]。

　　机器学习方法提高了交易策略效率。早期的量化主要采用统计套利策略，即确定不同资产与市场风险之间的相关性，进而尝试从这些关系中获

[1]　Jiang F W, Lee J, Martin X M, et al. Manager sentiment and stock returns[J]. Journal of Financial Economics, 2019, 132 (1):126−149.

[2]　Obaida K, Pukthuanthong K. A picture is worth a thousand words: Measuring investor sentiment by combining machine learning and photos from news[J]. Journal of Financial Economics, 2022, 144(1): 273−297; Birrua J, Young T. Sentiment and uncertainty[J]. Journal of Financial Economics, 2022, 146(3): 1148−1169.

[3]　Liu B B, Wang H J, Yu J F, et al. Time−varying demand for lottery: Speculation ahead of earnings announcements[J]. Journal of Financial Economics, 2020, 138(3): 789−817.

[4]　Jiang J W, Kelly B, Xiu D C. (Re−)Imag(in)ing price trends[J]. The Journal of Finance, 2023, 78(6): 3193−3249; Gu S H, Kelly B, Xiu D C. Empirical asset pricing via machine learning[Z]. NBER Working Paper, 2018.

利。计算机出现的早期，趋势跟随、价值回归、套利和事件驱动策略等开始流行，然而碍于信息处理能力，这些策略考虑的因素相对单一，且需要一定的反应和分析时间，对于突发事件和市场风险的应对通常是事后分析的过程，此时投资者往往已经蒙受了损失。机器学习方法的兴起使得如今的量化策略具备处理大规模数据、捕捉非线性关系、识别微小市场信号的能力。例如，TensorFlow 和 PyTorch 等深度学习框架，被用于高级预测和交易策略开发；数字化量化金融平台 QuantConnect，提供了用于开发和测试算法交易策略的工具和数据，以及云计算资源，以实现回测和实时交易。另外，传统量化交易依赖人工调整决策，反馈较慢也容易受到情绪影响。量化交易则利用数据分析、模式识别和算法自动执行交易，减少了人为情感干扰，还能更好地适应市场变化。

数字技术拓展了资产管理领域。量化金融主要应用于股票、债券、期货等市场。与区块链等数字技术发展结合之后，量化金融的应用范围得到了扩展，特别是朝着数字资产、数字货币方向延伸。[①] 例如，区块链技术支持加密货币市场投资、智能合约和去中心化金融（DeFi）服务等。数字藏品等数字资产，如今成了研究和投资的焦点。由于数字资产市场具有开放性，鼓励开发者创建智能合同和去中心化应用，因此市场规模快速膨胀。截至 2023 年 7 月，全球加密货币总市值达 12047.2 亿美元，预计年增速在 30% 左右。未来数字资产的投资策略、风险管理和组合优化可能是量化投资的又一重点方向。

人工智能的运用改变了风险管理。巴菲特曾给出投资最重要的两个原

---

① Biais B, Bisière C, Bouvard M, et al. Equilibrium bitcoin pricing[J]. The Journal of Finance, 2023, 78(2): 967−1014.

则："第一个原则是永远不要亏钱，第二个原则是永远不要忘记第一个原则。"[1] 早期的量化金融风险管理主要利用在险价值（VaR）和统计风险度量等方法，其对市场波动性的变化和极端事件的应对能力有限。人工智能运用于风险管理的优势在于三个方面：自动化风险评估；反馈迅速，调整灵活；提供事前预测。例如，风险预警系统，即实时监控投资市场变动情况，当发现潜在风险信号（市场大事件、政策变动、公司行为变动等）时，迅速做出风险警示；情景模拟和压力测试，即模拟不同市场情景，以测试投资组合的表现，评估投资风险敞口；风险预测，即分析市场情绪、企业行为和历史变化情况，评估潜在的投资风险。

资产管理行业的基本理念

毫无疑问，因为金融业管理了整个社会的存量资金，所以资产管理行业处在金融业的核心位置。中国的资产管理行业无论是发展历史、金融市场的完善程度、产品创新能力、风险对冲工具，还是机构投资者的成熟程度，与资产管理行业已经发展得相对成熟的国家相比还存在一定的差距。从全社会需要管理和配置的资金规模看，中国的资产管理行业还有巨大的发展空间。无论数字技术如何发展，纵观人类发展的历史长河，可以得到以下关于投资的"真理"。

第一，暴涨必有暴跌，但暴跌并不一定有暴涨。快速暴涨有可能是因为意外重大利好消息，但绝大部分是由投资者的乐观情绪驱动的。历史上出现过太多次著名的资产价格泡沫事件，例如郁金香泡沫、东印度公司股

---

① Buffett M, Clark D. The Tao of Warren Buffett[M]. Farmington-Hills: Scribner Press, 2006.

票泡沫等。从金融发展史中我们可以得到的基本规律是，乐观情绪导致的暴涨后必会有暴跌，脱离公司基本面或经济基本面的暴涨，暴跌后短期内很难再暴涨，大概率是长期向基本面回归。

第二，**个人投资者频繁的短线交易很难实现资金的增值。**大量研究已经证明，个人投资者很难克服人性中的弱点，例如贪婪和恐惧；他们大多数是"做多"的，只有股票市场无限上涨，才可能赚到钱；他们喜欢在股票上涨时买入股票，当价格下跌时不断"补仓"，以试图摊薄资金成本；他们不喜欢止损，因为他们总幻想，只要没有卖出，就不是损失；他们喜欢到处打听各种消息，听取各种信息购买股票，或者打听各种信息为已经购买的股票找到事后的支持依据；他们喜欢研究各种 K 线图、波浪理论、MACD（异同移动平均线）、KDJ（随机指标）等技术指标，试图找出某种规律，一本万利。巴菲特曾经建议过，对于那些涉及投资不深的个人投资者而言，购买指数型基金可能是最好的选择。

第三，**短线靠量化、中线靠行业轮动、长线靠价值投资，是不同资产管理机构认同的投资风格。**坚持有稳定收益的投资风格尤其重要，即知行合一。经常能看到一些投资者不断转换投资风格，原本是做短线交易，结果变成了做长期投资。许多研究已经证明，这种不稳定的投资风格、知行不统一的行为，很难实现长期稳定的投资收益。虽然股票市场上还有许多依靠直觉和经验进行短线炒作的"游资"，但大数据、人工智能等数字技术的进步催生了许多量化投资公司。短线量化完全由计算机实现交易，其最大的优势是克服了人性的贪婪和恐惧。当然，还有一种是利用量化的手段选择投资标的，不属于这里讨论的范畴。中线投资与行业轮动、经济周期关联度较高，所以对产业研究的要求比较高，同时也需要较强的周期把握能力。价值投资的关键是得到公司合理的内在价值，最简单的方法是选择那些有稳定的盈利能力、有一定"护城河"（例如产品和专利有独特性）、市盈率比较低的大公司。

第四，研究能力一直是资产管理行业的核心竞争力，从业者不仅需要会"讲故事"，更需要注重投资的"基本逻辑"。总体来看，从事资产管理行业需要具备四种能力：一是对**基本事实的研究能力**，包括对历史事实和现实事实的把握。"历史是一面镜子"，"历史不会重复，却压着相同的韵脚"。例如，若深入研究了金融危机和金融泡沫的历史事实，则在现实中出现危机和泡沫时更可能应对自如。二是**宏观研究能力**，包括对全球政治、政策、经济、人口变迁、能源分布、粮食产量、政府债务等的了解程度。三是**产业研究能力**，包括对产业变迁规律、企业成长的生命周期、产业链上下游、同行业竞争等的熟悉程度。四是**公司研究能力**，包括对公司基本面、公司估值、"护城河"程度等的分析。资产管理行业区分为"卖方"和"买方"，卖方有偿输出其研究能力，买方购买卖方的研究报告和成果。现实中，买方并不太注重卖方的研究成果对其投资决策会产生多大影响，而更多注重卖方论证投资过程的逻辑是不是自洽和合理的。因此，从事卖方研究需要更强的逻辑分析能力。

第五，信息输入的程度在一定程度上决定了资产管理的绩效。有一句耳熟能详的话："与什么样的人同行，你就会成为什么样的人。"其实在投资界也是同样的道理：吸收了什么样的信息，就有什么样的投资业绩。在金融行业发展，很多人强调人脉和经验的重要性，但往往忽略了阅读的作用。巴菲特曾经说，他每天把大部分时间花在阅读和思考上。阅读是信息输入的重要途径。**信息输入的两种主要途径是与物接触**（看或听非纸质版信息）

和与人接触（听讲座、讨论、访谈调研等）。以股权投资为例，一位投资经理每年可能会看 100 多个项目，他们是"空中飞人"。他们与有兴趣的公司高管交流，与上下游产业链公司的高管们交流，与相关专家学者交流。他们阅读大量行业资料，结合调研分析行业竞争情况、技术进步等，分析公司高管团队、财务状况和竞争地位等，并给出合理估值以及投资风险。投资经理看了 100 个项目，有可能只投资了 1 个项目，但在这一过程中，投资经理吸收了大量信息，加深了对行业的理解，积累了直观经验。实际上，一个人的成长是一个不断输入信息的过程，对行业的理解也就是一个信息不断输入的过程。**输入大脑中的信息越多，思考问题的维度越丰富，做出的政策或决策可能越全面。**目前来看，大模型的确可以存储海量信息，也可以对信息进行整理和简单的逻辑分析，但大模型无法取代人脑对信息做出复杂的逻辑分析。与资产管理行业发展得比较成熟的国家相比，中国的资产管理行业发展历史还较短，所以中国基金经理的平均年龄还远低于成熟国家，看或听非纸质版信息的经历还不够。

典型案例——量化投资公司 [1]

Two Sigma 是一家总部位于美国的领先的量化对冲基金公司，其以技术驱动的量化投资策略而出名。该公司结合了大数据分析、机器学习、统计学和高度自动化的交易系统，以制定和执行各种金融市场交易策略。2008 年，Two Sigma 的管理规模只有 46 亿美元，约合人民币 345 亿元。截至 2022 年底，该基金的管理规模已经达到 600 亿美元，这主要依靠 Two

---

[1] 以下案例均来源于 Two Sigma 官网。

Sigma 强大的数据处理能力和模型开发能力。[①] 正如 Two Sigma 宣传视频中所提及的："技术和数学科学方法是最佳的投资方式，用信息支撑理念，用重复试验来优化投资。"

数据处理。一方面，Two Sigma 致力于数据分析框架的构建（见图 6-3）。Two Sigma 的分析框架按照以下步骤进行构建：首先确定数据领域和范围，其次制定数据获取目标和模型，最后通过算法提取、筛选和分析所得数据。比如，Two Sigma 通过算法 Wiggins 实现了股票交易中的自动搜索情报，以此搜索和分析在线资源以获取新信息或处理"谣言"。另一方面，Two Sigma 一直在推动大数据发展，目前数据来源已经超过 10000 个，CPU 多达 95000 个，内存高达 1695TB，每秒钟可进行 1014 次计算，并且建立了"数据诊所"、"数据科学分析中心"和开源数据处理平台 Kibana 进行大数据分析。

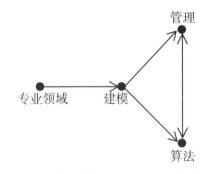

图 6-3　算法数据科学分析的总体框架

图片来源：Two Sigma 官网。

投资过程。Two Sigma 的工程师将投资过程按照程序分解为四个部分（见图 6-4）：特征提取（feature extraction）、预测单个工具的回报（alpha

①　数据来源于 Two Sigma 官网。

modeling)、投资组合分配（portfolio optimization）以及决定交易数量和执行交易（execution）。在此过程中，机器学习方法发挥了巨大作用。以股票投资为例，Two Sigma利用机器学习提取出结构性和非结构性的特征数据，进而识别出对超额回报率Alpha影响最大的因子（可能包含上百个）并建立Alpha模型，最后人工智能通过风险管理目标和收益目标制定最优交易决策。

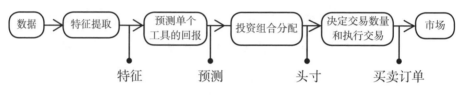

图6-4　Two Sigma 投资程序

图片来源：Two Sigma 官网。

典型案例——资产管理公司数字化转型① 💡

永赢基金管理有限公司成立于 2013 年，是国内 15 家银行系公募基金公司之一，也是一家中外合资基金管理公司。2023 年三季度末，该公司剔除货币基金和短期理财债券基金后的资产净值达到 2318.29 亿元。

数字化转型赋能，有效支撑业务高速发展。 通过在投研、投资、风控、营销和运营等领域不断开展数字化转型的项目（见图6-5），永赢基金实现了业务流程化、流程数据化、数据智能化，在提升运行效率、降低风险、赋能业务等方面取得了突出的效果。

---

① 本案例经永赢基金管理有限公司同意且授权使用，所有内容经过了该公司修改和确认。衷心感谢永赢基金提供的帮助。

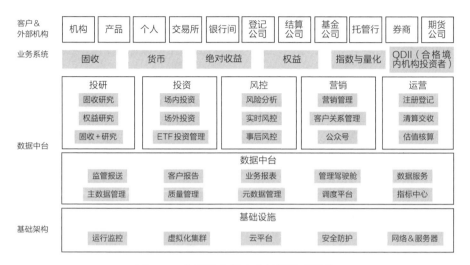

图 6-5　永赢基金数字化转型基础架构

　　在投研方面，公司构建了固收研究、权益研究、"固收 + 研究"三大研究平台，实现了研究管理工作的线上化，提升了研究数据的处理效率，使研究员的工作重心从数据处理工作转向数据分析。目前权益研究覆盖 32 个行业超过 2000 家公司，覆盖了超过 3500 个主体的 2 万多个债项的评级，构建了战略配置和战术配置体系。在投资方面，数字化转型主要体现为投资流程的重构和线上化，构建标准化流程并落地到投资管理系统群之中，实现固定收益投资的运行效率提升 30% 以上。在风控领域，通过事前、事中、事后的风险体系和风险监控系统的搭建，形成投资领域风险监控的闭环管理，有效地提升了实时的风险监控能力，并在风险分析方面形成了对公司全部公募和专户的相关分析指标。在营销领域，公司通过客户关系管理（CRM）系统的搭建，实现对销售活动的数字化管理，并运用数字化赋能手段，使前线销售人员能及时了解产品、投资信息，为前线销售人员提供了更丰富的"武器"。而销售活动的实时跟踪和销售数据的透明化显示，使得目标、进展与问题更及时地从前线传递到后方指挥部，大幅提升了决策的效率。在运营领域，数字化转型赋能运营业务效果突出，在运营操作自动化和运营风险管控指标化等方面取得突出效果。开放式基金登记过户系统（TA系统）运行效率提升100%，运营风险监控指标超过150个，在运营估值方面自动化效率提升50%以上。

　　构建数据中台，提升数据存储、服务和数据智能水平。 金融即数据，这在资产管理行业尤为突出，大多数业务最终落实为金融数据指标，因此高质量的数据为提升业务洞察力提供了巨大的帮助。永赢基金高度重视数据治理和数据中台的构建，将数据治理融于系统构建之中（见图6-6），在产品、估值、机构等数据质量提升方面取得了突出的效果，通过构建统一的投研和营销模型，建设产品、机构、客户、证券等标准化主数据，为数据应用打下了坚实的基础。搭建了数据服务层，为各业务和系统提供丰富的数据使用场景。搭建了数据智能应用，为业务洞察、客户服务、监管报送等方面提供高效准确的分析数据。目前公司数据中台存储数据50T，数据分析覆盖公司全部22个部门，常用的智能报表超过700张。

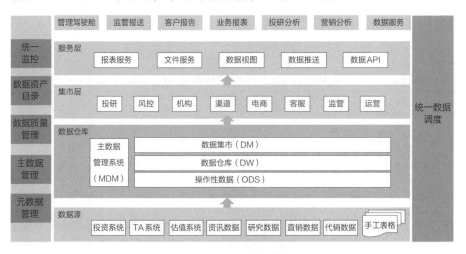

图6-6　永赢基金数据中台

SECTION 3

| 第三部分 |

纯线上金融服务

数字技术改变了传统金融机构，也重构了金融行业。数字化服务的推广使得实体货币淡出，物理网点消亡，人工服务减少，进而诞生了第三方数字支付公司、互联网银行和互联网证券公司等纯线上金融服务机构。它们依托于云平台，运用高维大数据和人工智能算法实现获客引流、风险防控和智能服务，有效突破了空间界限和征信桎梏，扩大了金融服务范围，提高了金融服务效率。此外，中国的纯线上金融服务走出了一条与美国截然不同的道路，差异背后的原因和可能蕴含的风险也令人深思。

　　本部分以第三方数字支付公司、互联网银行和互联网证券公司为主体，通过对比传统金融机构，剖析国内外纯线上金融服务的差异，回答数字金融如何产生社会价值以及产生何种社会价值的问题。

第 7 章

数字支付

支付的发展经历了四个阶段：以物易物、货币时代、电子支付和数字支付。以物易物是人类早期社会的产物。斯密曾指出："阿比西尼亚以盐为商业交换的媒介；印度沿海某地，以某种贝壳为媒介；威基尼亚以烟草……"[①] 然而，不易携带、各有所需等因素使得以物易物的支付模式难以长久存续，货币作为一种价值尺度和支付手段正式登上历史舞台。货币经历了从贵金属货币到信用货币的发展历程，从金银本位制度逐渐演化为国家主权货币。数字技术的发展使得货币防伪性和便携性大幅提升，也使得支付过渡到以银行卡和 POS（电子付款机）为代表的第三个阶段——电子支付。智能手机的普及和第三方支付公司的出现催生了扫码支付，同时数

---

① 斯密.国富论 [M]. 郭大力，王亚南，译.南京：译林出版社，2014.

字货币逐渐崛起又促使支付便利性和安全性进一步提升，支付步入第四个阶段——数字支付。

数字支付的运行模式

数字支付以双边支付生态为基础，以先买后付、先用后付、免除抵押等金融服务为支撑，通过数字钱包和商户综合服务构建双边支付网络，形成支付生态。现金、票据和银行卡等传统支付手段属于第一方和第二方支付，中介机构只承担"转账"功能，支付安全性取决于买卖双方的信用状况。第三方支付通过消费者与商户两端相结合，有效优化了支付效率，提高了支付的便利性和安全性。[1] 此外，支付机构通过金融创新对信用卡形成有效替代，进一步强化了双方信任基础，并降低了消费者支付成本，从而有助于数字支付的推广和使用。

数字支付在跨境交易方面也发挥了一定作用。例如，连连支付为超过200万家企业提供跨境支付服务，能够满足20多种货币的收付款需求。[2] 然而，跨境交易涉及不同国家，由此引发在成本、速度、准入和透明度方面的挑战[3]，使得各国政府对于跨境数字支付态度消极。对此，国际清算银行指出，需要从加强公私合作、制定协调监管政策、改善支付基础、加强数据流通等方面强化现有支付生态，并探索新型支付基础设施（如央行数

---

[1] Hong C Y, Lu X M, Pan J. FinTech adoption and household risk-taking: From digital payments to platform investments[Z]. NBER Working Paper , 2020.

[2] 数据来源：连连支付官网。

[3] Financial Stability Board. Enhancing cross-border payments-stage 1 report to the G20[EB/OL]. (2020-04-09)[2023-11-10].https://www.fsb.org/2020/04/enhancing-cross-border-payments-stage-1-report-to-the-g20.

字货币）以发挥数字支付的跨境交易作用。[①]

数字支付的国内外比较

2022 年，数字支付市场的全球交易额为 84879 亿美元，中国占其中的 41.2%，交易额达到 34966 亿美元，超过美国和欧洲国家，是目前全球最大的数字支付市场。[②]

国内外数字支付使用人群的分布存在显著差异。美国金融科技公司的第三方支付业务通常在银行卡覆盖度较低的地区开展。影响数字支付在美国推广的因素主要为用户需求。因此，美国的大部分消费者已经形成了信用卡消费的习惯，并且由于信用体系成熟，信用卡使用体验较好，现金和银行卡已经可以满足日常支付，消费者没有意愿再培养新的使用习惯，导致拥有信用卡的家庭没有使用数字支付的需求。美国的数字支付主要满足无卡消费者的使用需求。

国内的第三方支付业务开展情况与当地经济发展状况紧密相连。中国的数字支付用户多集中在东部经济发达地区，从东部经中部到西部地区，数字支付用户数量呈阶梯状减少趋势。由图 7-1 可知，2022 年华东地区用户占比为 41.4%，华南地区占比为 18.4%，华中、西南、西北地区逐次降低。造成这种分布差异的主要原因是我国数字支付呈现跨越式发展，各地数字基础设施建设情况存在差异。数字支付需要依靠移动互联网和大数据技术的普及，只有用户接入支付 App 并在其中留下更多的行为数据（例如

---

① CPMI. Enhancing cross-border payments: Building blocks of a global roadmap[Z]. BIS Working Paper, 2020.

② 数据来源：Statista. Digital payments: Market data & analysis[R]. Statista, 2022.

消费足迹、转账记录等），金融科技公司才能以此为基础更好地开展数字支付业务。而东部地区互联网普及率较高，居民具有一定的数字金融素养，且国内多家数字支付巨头的总部坐落于此，使得数字支付沉淀了大量用户。

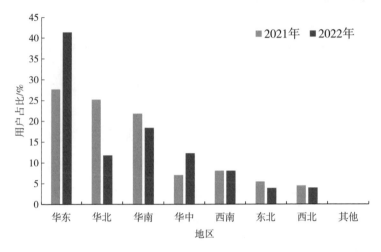

图7-1　2021—2022年中国移动支付用户区域分布

数据来源：中国支付清算协会《2022年移动支付用户使用情况问卷调查报告》。

持有不同类型业务牌照导致国内外数字支付企业经营的差异化。如表7-1所示，中国有数字支付业务的互联网企业获得了除企业征信外绝大部分金融业务牌照，使从支付场景中获取的数字足迹和个人数据可以应用在其他金融场景中，用于引流获客、信用评估和风险防控。因此对于国内企业而言，数字支付并非主要的盈利手段，而是开展其他金融业务的数据和流量基础。例如，蚂蚁集团2020年上半年数字支付与商家服务收入占35.86%，而数字金融科技平台则高达63.39%。[①]2022年，贝宝（PayPal）的支付业务收入占比高达91.6%[②]，其只能通过拓展各类支付核心

---

① 数据来源：蚂蚁集团招股说明书。
② 数据来源：PayPal 2022年年度报告。

业务（见表 7-2）促进收入增长。

表 7-1　全球代表性互联网企业金融牌照获取情况

国家	企业名称	支付	保险经纪	银行	证券	基金销售	消费金融	个人征信
中国	蚂蚁	√	√	√		√	√	√
	腾讯	√	√	√	√	√		√
	百度	√	√	√	√		√	
	京东	√	√	√	√	√		√
美国	谷歌	√						
	亚马逊	√						
	苹果	√						
	脸书	√						
	微软	√						

资料来源:《国际清算银行 2019 年年度经济报告》；中国证监会、银保监会和人民银行官网，数据截至 2020 年。

表 7-2　PayPal 支付核心业务以及类比国内公司（业务）

面向对象	PayPal 旗下业务	类型	类比国内公司（业务）
消费者	PayPal App	支付应用	支付宝
	Venmo	支付应用（含社交属性）	财付通
	Xoom	跨境汇款	PingPong
商户	Braintree	电商支付系统	连连支付
	Zettle	线下支付	银联商务

注：PayPal App 即 PayPal 的应用程序；Venmo 是 PayPal 旗下的小额支付软件，主要用于处理朋友间支付转账等；Xoom 是 PayPal 旗下提供国际汇款服务的软件；Braintree 是 PayPal 旗下的电商支付系统，提供"社交＋支付"功能；Zettle 是一种新型 POS 机，使用该产品的商家将获得 PayPal 的全套收银服务。

　　国外数字支付企业背后往往缺乏大型科技公司的支持，金融牌照多元性不足，"生态式"经营尚不能很好地实现。然而，从另一个角度来看，数字支付公司与大型科技公司分离虽然可能不利于企业自身"做大做强"，却非常有助于避免由数据获取造成的信息垄断和市场垄断，能有效降低监管成本，提高市场竞争活力。

数字支付带来的改变

数字支付能够促进创业。一方面，数字支付帮助新创企业填补了信用记录空白，以数据驱动提升正规融资可得性[①]，而且支付和清算效率的提升大幅降低了创业成本。另一方面，数字支付改变了传统的提供服务模式，催生了各类新型服务[②]和共享单车、农村淘宝、外卖等新的业务模式，通过创新释放了大量自由就业机会，为创业提供了空间。

数字支付促进了包容性增长。凭借沉淀的大数据，克服了地域限制，降低了服务门槛，将支付与金融服务的覆盖范围扩大至长尾客群，使得金融包容性增强[③]，有效促进了农村家庭收入提升，且远高于城镇收入水平增幅[④]。与此同时，借助支付宝、美团和微信等成熟的数字支付平台，政策性消费券能够被大多数居民触及，实现了机会均等。

数字支付激发了居民消费潜力。数字支付的普及有效节省了时间成本和经济成本[⑤]，极大地提升了消费的便利程度，并通过"先用后付"等方

[①] Gomber P, Kauffman R J, Parker C, et al. On the FinTech revolution: Interpreting the forces of innovation, disruption and transformation in financial services[J]. Journal of Management Information Systems, 2018, 35(1): 220−265.

[②] Berg T, Burg V, Gombović A, et al. On the rise of FinTechs: Credit scoring using digital footprints[J]. The Review of Financial Studies, 2020, 33(7): 2845−2897.

[③] 李彦龙，沈艳. 数字普惠金融与区域经济不平衡 [J]. 经济学（季刊），2022(5): 1805−1828.

[④] 张勋，万广华，张佳佳，等. 数字经济、普惠金融与包容性增长 [J]. 经济研究，2019(8): 71−86.

[⑤] Bachas P, Gertler P, Higgins S, et al. Digital financial services go a long way: Transaction costs and financial inclusion[J]. AEA Papers and Proceedings, 2018, 108: 444−448.

式 ①，促进了消费行为的发生 ②。从流动性约束角度来看，数字支付获得的交易数据能够提供信用记录，补充信用白户的信用空缺，从而弱化信息不对称对借贷双方的影响 ③，保证信贷的可得性。

数字支付业展望

目前阶段第三方支付面临的最大问题是业务模式的延展性和可持续性。如果只是作为末端的支付工具，第三方支付公司容易陷入恶性竞争，彼此之间打价格战（像早年的线下 POS 支付）。所以现在支付宝、微信支付等头部支付平台，会在出行、医疗、私域用车、餐饮、线下快消等行业纵深发展，将其发展为自己的"一方阵地"，并通过引入三方生态的功能服务，强化用户的留存和交易笔数的增长。

数字人民币可能是数字支付的有益补充。一方面，数字人民币 App 兼容各第三方支付的"子钱包"，可以离线使用等功能也大大拓展了数字支付的边界。另一方面，第三方支付头部企业有自己的 B 侧和 C 侧根基，借助其自身的业务场景可以更好地推广数字人民币。此外，央行即便想搭建自己的数字货币体系，培养用户习惯也需要一定的时间，在过渡转化中也离不开第三方支付。因此，数字人民币与第三方支付是"百花齐放"的大融合，而不是非此即彼的"孤芳自赏"。

---

① Garmaise M J, Natividad G. Consumer default, credit reporting, and borrowing constraints[J]. The Journal of Finance, 2017, 72(5): 2331–2368.

② Bian W L, Cong L W, Ji Y. The rise of e-wallets and buy-now-pay-later: Payment competition, credit expansion, and consumer behavior[Z]. CCER Working Paper, 2023.

③ 李继尊. 关于互联网金融的思考 [J]. 管理世界, 2015(7): 1–7,16.

典型案例——第三方数字支付公司[①] 💡

连连支付以"支付+SaaS"服务为核心，赋能产业数字化转型。基于各行各业对数字化转型的旺盛需求，连连支付积极打造"支付+科技+金融"赋能产业数字化服务平台，深度洞察不同产业链上各方多元化需求，链接 SaaS 服务商、数字科技解决方案提供商、金融机构、跨境贸易服务商，提供"支付+SaaS 服务+定制化解决方案"，持续赋能传统产业数字化转型（见图7-2）。截至目前，连连支付利用数字技术赋能各产业转型，服务对象已横跨电商、零售、商旅、物流、制造等10余个垂直领域，累计服务交易规模已突破 5.9 万亿元。

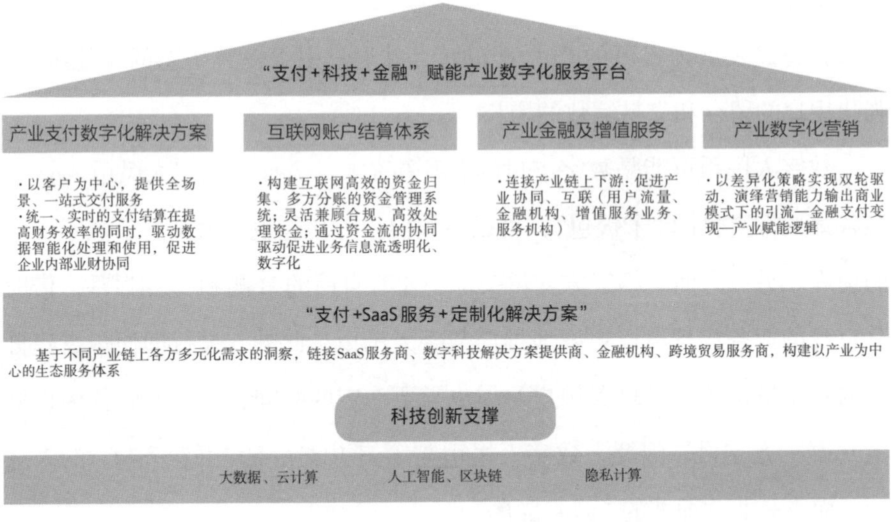

图 7-2 连连支付"支付+SaaS"服务

资料来源：连连支付官网。

---

① 本案例经浙江连连银通电子支付有限公司同意且授权使用，所有内容经过了该公司修改和确认。感谢薛强军博士提供的帮助。

着力打造一站式跨境支付综合服务平台。连连支付已在跨境支付市场逐渐奠定了领先的行业地位，在满足国际收款需求的同时，也为卖家提供多店铺管理、VAT（value added tax，增值税）缴纳等其他跨境金融服务，并与银行一道，利用沉淀数据为供应链上企业提供信贷服务（见图7-3）。截至2022年，连连支付跨境支付业务服务于中国30万个跨境电商出口卖家，交易规模处于国内第一梯队。

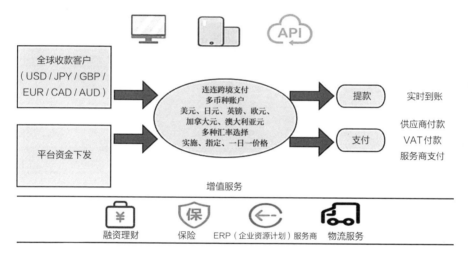

图 7-3　连连支付跨境支付综合服务平台

资料来源：连连支付官网。

以支付业务为核心，布局"全聚合"服务场景。连连支付通过深耕国内各行业，分析研究其业务流及资金流特点，打造了丰富的网络支付产品体系以满足企业客户的收付款需求，并进一步开发出全链条聚合服务，为消费者、企业和产业链提供各类解决方案，业务类型涵盖网络支付服务、账户服务、聚合服务等。同时，连连支付通过提供账户服务切入产业客户的数字化转型，助推全产业链的数字化转型升级，推动实体经济高水平循环。截至

2022年，连连支付已将服务范围扩展至20余个行业，连续三年位列国内支付领域前四，交易额年复合增长率达到139%，累计交易量突破2万亿元（见图7-4）。

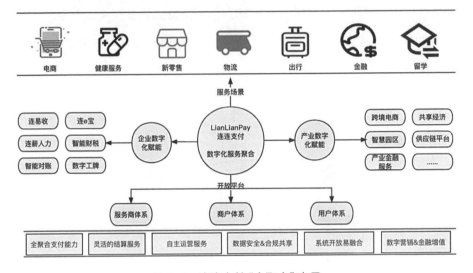

图7-4   连连支付"全聚合"布局

资料来源：连连支付官网。

第 8 章

互联网银行

遍地是银行网点，排队办理业务，这可能是几十年前的银行业了。如今的银行网点正在快速减少，只有年长一辈才会出现在银行网点，年轻人更愿意用手机 App 办理各类业务。互联网银行更加极致，没有任何一个网点，开展纯线上信贷服务，与科技巨头形成完整业务生态，运用交易、物流、社交等高维数据开展风控，面向长尾客户群体提供小规模、短周期信贷。

中美互联网银行对比

大股东性质：是金融机构还是互联网巨头。国内代表性互联网银行背靠互联网巨头企业起家。例如，微众银行由腾讯建立，网商银行由蚂蚁集团发起，百信银行由百度设立，等等。然而，美国的互联网银行则通常由传统银行设立，或从金融服务公司转型而来，由金融机构而非互联网企业控制，基于其早期的业务和品牌声誉积累，将客户引流至互联网平台（见表 8-1）。美国的互联网银行代表了传统金融机构拓展新业务，而中国的互联网银行则是大型科技公司进入金融行业的体现。

表 8-1　中美代表性互联网银行比较

比较维度	Axos Bank	Capital One 360	微众银行	网商银行
成立时间	1999 年	2012 年	2014 年	2015 年
大股东	Bofi 控股	Capital One	腾讯集团	蚂蚁集团
大股东性质	金融机构	金融机构	互联网企业	互联网企业
业务基础	无	传统银行	社交（微信）	电商
客户定位	互联网用户	30—50 岁上班族	个人消费者	小微企业

信息来源：各家互联网银行年报。

负债：是同业依存还是存款吸纳。国内互联网银行吸收存款的能力较弱，同业资金是重要的负债来源。如图 8-1 所示，截至 2022 年末，中国 9 家互联网银行存款占总负债的平均比重约为 69%，远低于美国的互联网银行。[1]2022 年，美国盟友银行（Ally Bank）存款占比达到 89%，第一资本（Capital One, National Association）的存款占比也达到了 89%。[2] 也正因如此，国内的互联网银行需要依靠同业资金发放贷款。如图 8-2 所示，在互联网银行成立之初，其同业负债占总负债的比重一度高达 90% 以上，目前稳定在 20% 左右，也远高于国内各类传统商业银行。

---

[1]　注：9 家银行包括网商银行、微众银行、百信银行、中关村银行、众邦银行、华通银行、苏宁银行、新网银行、亿联银行。数据来源：9 家互联网银行年报，笔者自行整理后计算。

[2]　资料来源：Ally Bank 和 Capital One, National Association 的年报。

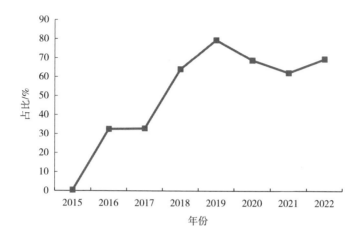

图 8-1　中国互联网银行存款占总负债的平均比重

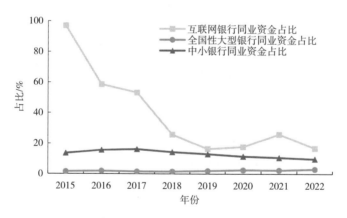

图 8-2　中国各类银行同业负债占总负债的比重

数据来源：各家互联网银行年报。

资产：是抓大放小还是普惠小微。国内互联网银行在资产端主要服务于小微客户，聚焦小微经营贷和个人消费贷。例如，截至 2022 年末，网商银行累计为超过 5000 万户小微经营者提供信贷服务，并与全国 1230 个涉农区县签署战略合作协议，提供涉农贷款，且 80% 的新增客户之前从未获得过经营性贷款。① 然而，美国互联网银行则在资产端"抓大放小"，更侧重于房地产按揭贷款、汽车金融服务等大额家庭消费信贷。例如，美国直营银行（ING Direct USA）主要开展房地产抵押贷款业务，Ally Bank 则聚焦汽车消费贷款。

另外，助贷和联合贷是国内互联网银行的主要放贷模式。互联网银行依托技术、风控和流量（由社交、支付等平台提供）优势，筛选客户、展开风控，并提供小部分资金，赚取相应服务费；商业银行提供全部或大部分资金，赚取利息收入，承担风险。一方面，互联网银行具备技术和数据优势，共同放贷意味着以较低资金成本覆盖长尾客户，能够在一定程度上解决融资难问题。另一方面，合作银行的信贷投放渠道得以扩张，中小银行因此实现跨区域经营，有助于提高经营绩效。2020 年之前，联合贷放贷模式中，90% 以上的资金来源于商业银行②，而目前则按照监管要求以 3∶7 的出资比例和银行发放联合贷③。

传统商业银行与互联网银行

运营模式。传统商业银行运营模式下，商业银行基于线下网点赚取利息和手续费，贷款发放以传统抵押品和人工审核为主。银行与客户之间直接联系，通过自己的服务渠道为客户提供标准化、流程化的产品和服务。相较于传统商业银行，互联网银行更加注重线上布局，以用户体验为中心，

---

① 数据来源：网商银行《2022 年可持续发展报告》。
② 郭武平．全方位多层次保护金融消费者权益 [EB/OL].(2020-11-02)[2023-12-03]. https://www.financialnews.com.cn/hg/202011/t20201102_204423.html.
③ 监管规定源于：中国人民银行《关于开展线上联合消费贷款调查的紧急通知》。

以大数据应用为基础，开展纯信用风控信贷，精准满足小微企业和个人的信贷需求，缓解其融资约束问题。

获客方式。与传统商业银行依赖网点、通过客户经理与客户线下沟通实现获客不同，互联网银行利用自有生态导流，能够挖掘大量具有黏性的增量客户，推动小微贷款规模高速增长。

风控模式。传统商业银行风控主要依靠沉淀的业务数据、抵押品和征信数据开展风险控制。互联网银行凭借可替代性[①]强、补充性[②]强、多种维度和交叉验证能力强的交易、支付、物流、社交等数据资源，建立精准可靠的风控模型。

竞争业态。如表 8-2 所示，国内多家大型商业银行设立了线上信贷品牌，其中约一半为抵押贷款，且平均额度较高，期限较长。而互联网银行产品的平均额度较小，期限较短，且为纯信用无抵押贷款。例如，网商银行部分联合贷的平均额度为 7 万元，平均使用规模为 8367 元，使用时长仅为 1.5 个月，且其中 81% 的贷款人首次获得贷款。然而，共同放贷的传统商业银行线上无抵押贷款的额度约为 18 万元，平均使用规模达到 10 万元，使用时长则为 9 个月，只有不到 4% 的贷款人首次获得贷款。[③]因此实际上两者可能是互补而非竞争关系。传统商业银行的纯线上无抵押贷款主要面向已有客户，向其提供更便利的服务；而互联网银行则面向新增长尾客户，满足其资金需求。

---

① 可替代性是指这些软信息对于传统征信数据的替代性。
② 补充性是相对于传统征信数据而言的，高维度的数字足迹能够提供更多有价值的信息。
③ 数据来源：Liu L, Lu G L, Xiong W. The big tech lending model[Z]. NBER Working Paper, 2022.

表 8-2   国内大型商业银行线上信贷产品

银行	品牌	产品	担保方式	最高额度/万元	最长期限/年	最低利率/%
建设银行	小微企业快贷	信用快贷	信用	500	1	4.25
		质押快贷	抵质押	1000	3	3.42
		抵押快贷	抵质押	500	1	4.35
		平台快贷	信用	1000	3	3.85
工商银行	小微金融	工银制造贷	信用	500	1	3.85
		工银科创贷	信用	500	1	3.85
		工银政采贷	信用	300—1000	1—3	3.85
		工银兴农贷	抵质押	3000	5—10	3.85
中国银行	中银企E贷	银税贷	信用	300	1	≤ 4.35
		抵押贷	抵质押	1000	1—3	——
		信用贷	信用	100	1	≤ 4.35

数据来源：各家银行官网，查询日期为 2023 年 11 月 5 日。

互联网银行与货币政策

互联网银行对传统货币政策的利率传导、货币供应和执行方式提出了挑战。一是利率传导。互联网银行可以加速货币政策利率传导，减少时滞。例如，联邦基金利率上升 100 个基点，由于互联网银行调整迅速，最终其年化百分比收益率比传统机构高 23—35 个基点。[1] 二是货币供应。互联网银行的业务模型会导致客户更频繁地运用数字支付，进而改变货币供应的数量和调整速度。[2] 三是执行方式。一些国家正在探讨发行中央银行数字货

---

[1] Erel I, Liebersohn J, Yannelis C, et al. Monetary policy transmission through online banks[Z]. NBER Working Paper, 2023.

[2] 战明华，汤颜菲，李帅. 数字金融发展、渠道效应差异和货币政策传导效果 [J]. 经济研究，2020(6): 22-38.

币，互联网银行在数字货币领域提供服务，其有助于中央银行与公众直接互动。①

关注互联网银行的潜在风险

从目前互联网银行的实践来看，其可能存在三种潜在风险——流动性风险、快速挤兑风险和道德风险。

流动性风险。面临重大突发负面事件，商业银行为减少损失，会暂停拆出资金。若互联网银行资金来源中同业拆借的比例较高，则会面临严重的流动性约束。而且重大负面冲击可能使得合作商业银行提前收回联合贷资金，互联网银行也面临着流动性约束，迫使其以较低的价格快速出售相关资产，造成资产端的损失，甚至可能破产。

快速挤兑风险。数字技术使得存贷业务均可以在线上和移动端完成，因此相较于传统挤兑，互联网银行挤兑的速度更快，规模也更大。例如，硅谷银行的存款中，有 93% 为企业存款，2022 年 3 月 9 日被挤兑超过 400 亿美元，约占其总资产的 20%。② 比较而言，2008 年金融危机期间，华盛顿互助银行至少经过了 10 天的挤兑才宣布破产清算。③ 当然，硅谷银行经历的是企业挤兑银行，而华盛顿互助银行经历的是个人储户挤兑银行。

---

① Barrdear J, Kumhof M. The macroeconomics of central bank issued digital currencies[Z]. Bank of England Staff Working Paper, 2016.
② 资料来源：美联储《关于对硅谷银行监督和监管的审查报告》（"Review of the Federal Reserve's Supervision and Regulation of Silicon Valley Bank"）。
③ 对银行业的系统性挤兑是从雷曼兄弟破产开始的，即从 2008 年 9 月 15 日 "黑色星期一" 开始计算，2008 年 9 月 25 日华盛顿互助银行破产。

道德风险。虽然数字技术的运用能够有效评估借款人的信用状况，从而控制信用风险，但是无抵押纯信用贷款意味着潜在的道德风险。因为无法监控借款人真实的用途，又不需付出任何抵押品，借款人可能将贷款用于股票投资、赌博等非经营性用途，互联网银行潜在违约率上升。

典型案例——互联网银行[①] 💡

作为一家"纯科技"银行，依托于大数据风控体系，网商银行不设立线下网点，形成了一套成熟的无接触贷款"310"模式（3分钟申请，1秒钟放款，全程0人工干预），为小微经营者提供纯线上的金融服务，把每一部手机变成一家银行网点。"310"贷款模式的背后是"三只鸟"提供的技术支撑（见图8-3），即"小微金融风控系统"，由"大山雀"卫星遥感风控系统、"大雁"数字供应链金融系统和"百灵"智能交互式风控系统三大系统构成。

其中，"大山雀"卫星遥感风控系统主要用于农村金融服务场景。"大山雀"能够精准识别客户的农作物情况（包括类型、面积和长势等），进而利用风控模型评估未来的收成，以确定贷款额度和期限。截至2022年，该系统已经能够将大豆、油菜等经济作物，果园、大棚等形态纳入可识别范围，累计为120多万户种植农户提供了便利的信贷支持。

---

① 本案例经浙江网商银行股份有限公司同意且授权使用，所有内容经过了该公司修改和确认。感谢网商银行前行长助理彭博、网商银行三农金融服务部高级产品运营专员丁世婷等提供的帮助。

CVPR2022 FGVC FungiCLEF 第一名
CVPR2022 FGVC Herbarium 第二名
企业、行业动态图谱
细粒度物体识别
多粒度稀疏通信
通用场景 OCR 解析
虚拟数字人

7×24 小时驻场
信贷员

可识别 26 种凭证、
400 多种物体

已为 200 万户小微
企业客户提升额度

解决小微金融
"够不够"问题

MIT Scene Parsing Benchmark 第一名
自监督对比学习
自然语义处理
跨模态多任务的预训练模型
半监督的意识挖掘
非剧本式对话解析
自然语言生成

百灵
百灵系统
智能交互式风控，实现小微个性化风控

"310"模式

可对农作物
进行产值评估、
受灾分析等

大山雀

3分钟
申请

网商银行小微金融
风控科技盘点

1秒钟
放款

大雁
大雁系统

从 1+N 模式到
1+N^2 新模式

全程 0 人工干预

卫星遥感
深度残差网络
卷积神经网络
递归神经网络
大尺度图像语义分割
计算机视觉
Cityscape 语义分割任务第一名
农业农村部
2021 数字农业农村新技术新产品新模式优秀项目

覆盖全国
1000 余个县城

卫星遥感风控
应用于农村金融领域

识别作物种类超过 30 种
准确率达 92%

大规模知识图谱
应用于数字供应链金融

超过 500 家品牌
已接入

长尾小微贷款
可得率达 80%

图计算
强化学习
迁移学习
深度残差网络
聚类分析
弹性网络正则化
大规模知识图谱
实时循环学习
国际数据公司（IDC）亚太区数字供应链领导者

图 8-3　网商银行"三只鸟"风控系统

资料来源：网商银行官网。

注：CVPR2022 FGVC FungiCLEF 和 CVPR2022 FGVC Herbarium 分别为国际计算机视觉与模式识别会议细颗粒度视觉分类蘑菇识别和植物标本竞赛；MIT Scene Parsing Benchmark 为麻省理工学院场景分析基准竞赛。

　　"大雁"系统主要用于分析核心企业的供应链关系，从而为核心企业下游客户（主要是小微企业）提供一系列数字金融产品，满足其在供货回款、采购订货等生产经营过程中的资金融通需求。截至 2022 年末，已有 20 余个行业超过 1000 家品牌商接入网商银行"大雁"数字供应链金融系统，光伏、新能源汽车等领域的头部企业接入率达到 80%。

"百灵"智能交互式风控系统，通过借助大规模人工智能技术，建立客户自证数据补充体系。小微企业可以基于自身需求提交个性化自证材料，以提升贷款额度，系统可识别超过 20 种凭证和超过 400 种细粒度物体。"百灵"通过感知智能、认知智能、交互智能和决策智能的能力，与客户进行良性交互，有效勾勒出细致全面的客户风险画像，为客户匹配更合适的额度和利率。

正是凭借着数据化风控系统的优越性，网商银行积极推进开展县域普惠金融业务。网商银行和区县政府开展战略合作，运用财税数据为小微经营者提供更精准的数字画像和更高的信贷额度。截至 2022 年末，网商银行通过签约合作覆盖全国 1230 个涉农县域，占全国涉农县域总数的近一半。累计为超过 5000 万户小微经营者提供服务，其中新增贷款客户中首次在商业银行取得经营性贷款的客户比例超过 80%，显著提升了小微企业经营信贷的可得性。

第 9 章

互联网证券公司

证券公司依托计算机和互联网技术的变革，纷纷搭建线上交易系统，拓展全球经纪业务，证券的交易模式发生了翻天覆地的变化。互联网证券公司作为最具创新能力的"玩家"，利用丰富的数据流量和高效的信息渠道，完全摆脱了实体网点的约束，为用户提供低佣金、纯线上的证券投资、财富管理和跨境交易服务。

互联网证券公司在变革中发展

盈透证券（Interactive Brokers Group）作为全球领先的互联网证券公司，早在 1978 年便开创性地运用计算机进行报价，并在 1983 年研发出第一台用于股票期货交易的掌上电脑。[①] 20 世纪 90 年代开始，互联网证券公司借助互联网和电子交易，为投资者提供线上交易和资讯服务，大幅降低了运营成本并迅速拓展了经纪业务的市场覆盖面。互联网技术在创造机遇的同时，加剧了证券公司间的市场竞争，原有佣金折扣策略不再能有效维持市场份额，而线上交易系统的质量逐渐成为决定市场份额的核心因素。[②] 移动互联网（mobile internet）、云计算（cloud computing）、大数据（big data）等信息技术的飞速发展为互联网证券公司的业务创新、财富管理和差异化竞争提供了有力的技术支撑。图 9-1 展示了证券公司经纪模式的变迁。

图 9-1　证券公司经纪模式变迁

从国内外互联网证券公司的发展历程来看，其主要可分为三个阶段：一是通过吸引流量开展线上经纪业务的起步阶段；二是发挥数字化技术优势，实现资本集聚的扩张阶段；三是运用金融科技提供更广泛、更综合的

---

① 资料来源：美国盈透证券官网。

② Claessens S, Glaessner T, Klingebiel D. Electronic finance: A new approach to financial sector development?[Z]. World Bank Discussion Papers, 2002.

金融服务的创新阶段（见图 9-2）。

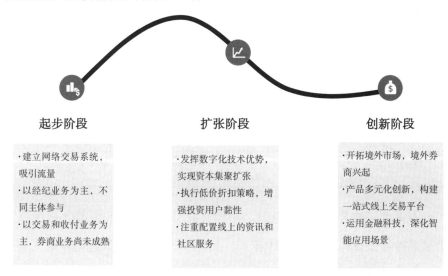

| 起步阶段 | 扩张阶段 | 创新阶段 |

·建立网络交易系统，吸引流量

·以经纪业务为主，不同主体参与

·以交易和收付业务为主，券商业务尚未成熟

·发挥数字化技术优势，实现资本集聚扩张

·执行低价折扣策略，增强投资用户黏性

·注重配置线上的资讯和社区服务

·开拓境外市场，境外券商兴起

·产品多元化创新，构建一站式线上交易平台

·运用金融科技，深化智能应用场景

图 9-2　互联网证券公司的发展历程

国内证券公司的互联网之路

证券公司业务走向互联网化。自 2014 年起，国内多家证券公司获得互联网业务试点资格。国内代表性的互联网证券公司主要可分为三类：一是收购了证券公司牌照的互联网企业，二是自建线上平台的传统证券公司，三是纯线上互联网证券公司（见表 9-1）。尽管各类互联网证券公司的商业模式有所差异，但底层逻辑是一致的，都运用互联网和数字技术开拓线上业务，降低经营成本，满足用户更多元化、更高要求的数字化金融服务。

表 9-1　国内典型互联网证券公司比较

比较维度	东方财富	华泰证券	富途证券
证券公司类型	收购了证券公司牌照的互联网企业	自建线上平台的传统证券公司	纯线上互联网证券公司
业务模式	收购商业牌照，打造互联网财富管理生态圈，提供专业化金融数据服务，建立一站式资讯、交易平台	与互联网巨头合作，建立线上平台。强化智能化的管理和运营，优化线上线下一体化业务体系	拥有美股及港股经纪牌照，建立移动客户端为投资者提供港股及美股开户、交易清算、市场数据、融资融券等服务
特色平台及产品	天天基金、东方财富网	涨乐财富通、AORTA·聊 TA、投行云	富途牛牛

互联网证券公司的需求强劲。中国互联网理财用户和证券 App 用户人数呈高速增长态势，截至 2021 年末，互联网理财用户规模达 1.94 亿人（见图 9-3），较 2014 年相比增长 149%。以富途证券和老虎证券为例，二者都顺应高速增长的境外投资和资产配置需求，发挥自身的数字技术优势，实现 24 小时线上运营、远程见证开户等经纪业务模式的变革，成功在境外交易的竞争赛道上成为行业引领者。

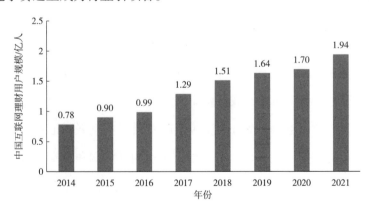

图 9-3　2014—2021 年中国互联网理财用户规模

数据来源：中国互联网络信息中心《中国互联网络发展状况统计报告》。

传统证券公司与互联网证券公司

虽然互联网证券公司与传统证券公司的市场边界逐渐模糊，但创新破坏机制、传统证券公司的转型惰性等因素造成证券业的市场位移[①]，互联网证券公司凭借高频高效的用户反馈、低佣金优惠和多元化的数媒平台形成竞争优势，在行业中的重要性日益凸显。相比之下，传统证券公司虽然在综合经营上占据绝对优势，但随着新兴客群和新需求的不断增长，特别是在跨境交易、财富管理等应用场景上，传统证券公司逐渐处于技术下风（见图 9-4）。

图 9-4　互联网证券公司与传统证券公司数字化应用对比

运用数据流量红利，立足用户体验和需求。与传统证券公司相比，互联网证券公司最突出的优势是用户基础和数据流量，能运用金融科技定制更精准、更人性化的服务。互联网证券公司脱胎于数媒平台，互联网基因

---

① Barber B M, Odean T. The internet and the investor[J]. Journal of Economic Perspectives, 2001, 15(1): 41–54.

使其能将资讯服务、社区等功能融入证券公司服务中，打通社区平台中投资者、企业、媒体间的连接渠道，形成以用户为中心的完整生态系统。

发挥数字技术优势，开拓证券公司盈利新模式。互联网证券公司通过数据分析挖掘用户投资习惯，能满足多元化、全球化的新型投资需求，将单一的证券或金融衍生品交易平台转型为综合金融服务平台。另外，数字技术还极大地赋能了互联网证券公司的交易能力，使其能在短时间内进行高频次的迭代和优化，高效执行线上交易，降低佣金甚至实现零佣金的优惠力度。

夯实数字基础建设，金融科技优化运营。传统证券公司优化前、中、后台业务流程，更新维护线上平台的成本较高。相比之下，互联网证券公司在数据层、计算层、模型层、展示层形成全方位的技术体系优势。具体来看，新一代的数字运营方向包括基于人工智能、大数据的客户画像体系；基于大模型和知识图谱的风险评估系统；基于深度学习和边缘算法的数据挖掘新路径；基于区块链和隐私计算的隐私保护体系（见表9-2）。

表 9-2　互联网证券公司数字化运营方向和技术应用模式

数字化运营方向	技术应用模式
客户画像	客户画像体系是线上金融平台智能化运营的基础，依靠人工智能和大数据技术，描述客户特征，识别客户需求
风险评估	大模型和知识图谱不断迭代完善，广泛运用在风险管理领域。网上客服、App 产品应用大模型，增强语义理解能力，提升对客户问题的识别准确度
数据挖掘	通过边缘计算和深度学习不断提高数字化业务算力，有效提速数据挖掘，准确评估投资者风险承受能力，提供合适的投资组合产品并推送合适的信息
隐私保护	在跨平台获取用户数据的过程中，区块链和隐私计算是不侵犯用户隐私前提下的优选，以合法合规方式引入多维数据，有效保护用户的信息安全

互联网证券公司对证券业的重构

互联网技术降低了信息传播和金融服务的边际成本，改善信息不对称问题，互联网证券公司在数字化领域的创新，给传统证券公司带来了挑战。[1] 图 9-5 展示了互联网证券公司对证券业的三方面重构。

图 9-5　互联网证券公司对证券业的重构

零售经纪业务趋向低佣金化。从国外证券公司的发展趋势看，折扣型证券公司和传统证券公司融合互联网技术与电子交易技术，以低佣金策略争取市场份额，加剧了证券公司间的佣金价格竞争。而纯线上互联网证券公司拥有更高质量的数字化运营能力，固定资产成本远低于传统经纪和折扣型证券公司。[2] 为保持市场的竞争地位，传统证券公司和折扣型证券公司被迫抓紧进行数字化转型，通过技术赋能进一步降低佣金成本，使低佣金、零佣金成为行业的主流趋势。

① Fleming L, Waguespack D M. Brokerage, boundary spanning, and leadership in open innovation communities[J]. Organization Science, 2007, 18(2): 165−180.

② Committee on the Global Financial System. The implications of electronic trading in financial markets[R]. Basel: Bank for International Settlements Information, 2001.

投资者年龄结构趋向年轻化。目前，我国开立证券账户的个人投资者数量占比超过99%，特别是20—40岁的投资者人数占比已超过60%。[①] 年轻用户是证券业庞大的潜在客群，比起传统证券公司繁杂和固化的业务流程，年轻用户更乐意接受互联网产品和相关的理财服务。而互联网证券公司具备互联网属性和信息传播优势，运用线上各类媒体运营，灵活掌握年轻客户需求，广泛吸引年轻用户开户和交易。

助力实现普惠金融愿景。一方面，互联网证券公司参与证券市场，能提高资金流动性和市场活力，为中小企业和科创企业提供更多融资途径，在供给端发挥普惠金融效能。另一方面，互联网证券公司通过金融科技优势指导不同投资水平的客户，有助于缩小证券市场的数字化鸿沟，打破传统证券公司只关注头部客户的固化思维，使得长尾客户都能成为证券公司经纪服务的用户，在需求侧注入普惠金融的新活力。

典型案例——互联网证券公司的先行者

盈透证券成立于1977年，重点研发自动化交易、布局国际化业务，主动拥抱技术创新与数字化转型，成为全球领先的互联网证券公司先行者。截至2022年，盈透证券已连续五年位居《巴伦周刊》"最佳互联网证券公司"排行榜榜首。综合来看，盈透证券的数字化发展历程主要经历开创电子化交易业务、布局全球电子经纪业务、全面转型综合经纪业务三个发展阶段（见表9-3）。在20世纪70年代，人工报价还是证券交易所最主要的传统交易模式，存在着交易执行效率低、交易价格波动大等弊端。而盈透

[①] 数据来源：中国证券登记结算有限责任公司公开数据。

证券致力于使用计算机技术实现电子化交易，为投资者提供实时的产品定价和市场交易。20 世纪末，盈透证券率先进行国际化布局，自 1990 年起，盈透证券不断进入欧洲各大股票与衍生品交易所，并逐步进入澳大利亚、日本等地的证券市场，利用互联网技术构建起全球做市业务网络和电子交易网络；2008 年，金融危机爆发后，盈透证券持续扩展线上交易平台的服务模式，全面转型成为多元化服务平台，不断丰富可交易资产类型，开拓线上投资顾问业务和面向专业投资者的金融分析工具。

表 9-3　盈透证券的数字化发展历程

发展阶段	时间	业务转型
开创电子化交易业务	1977—1989 年	盈透证券的前身添华证券（Timber Hill）在美国本土从事股票、期货、期权交易所的做市业务。研发用于交易的掌上计算机，解决传统人工报价的弊端，能高效追踪资产头寸，并进行连续定价
布局全球电子经纪业务	1990—2008 年	借助添华证券的全球做市网络和盈透证券自身的清算系统迅速发展全球性的电子经纪业务。率先拓展欧洲、澳大利亚、日本，以及我国的香港地区等市场。利用互联网技术为全球客户提供优质的电子经纪服务
全面转型综合经纪业务	2009 年至今	全球做市业务收缩，盈透证券转型打造线上多元服务平台，全面转型互联网经纪商。不断推广可交易的资产市场，如债券、基金、黄金、加密货币等。开拓线上投资顾问业务，提供多元化的金融工具和交易服务

优化体验，扩大用户规模。盈透证券融合全球股票分析器、交易成本分析、投资组合创建器等数字金融工具[1]优化投资者体验，使客户规模和资产规模持续增长。如图 9-6 所示，客户数量由 2012 年的 21.0 万人增长至 2022 年的 209.1 万人；如图 9-7 所示，客户资产由 330 亿美元大幅增长至 3070 亿美元。

---

[1]　资料来源：中金公司《盈透证券：全球领先的自动化电子经纪商》。

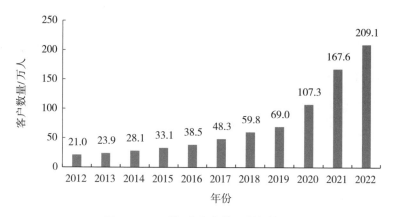

图9-6   盈透证券客户数量增长情况

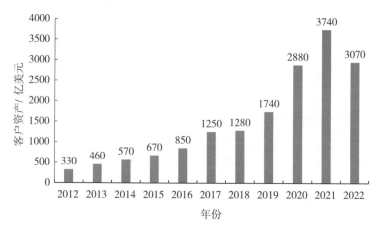

图9-7   盈透证券客户资产规模增长情况

数据来源：盈透证券年报。

打造全球化互联网证券公司。盈透证券一方面加强与全球电子交易所的广泛合作，另一方面持续丰富资产交易类型和综合服务，如综合投资账户、加密货币交易、线上投资服务、零星股交易等工具（见图9-8）。与国内外其他互联网证券公司相比，盈透证券在产品种类多样性上遥遥领先。此外，盈透证券具备完善的交易基础设施，能够在美国、加拿大、英国等 17 个国家和地区实现个人投资者和机构投资者的交易清算。

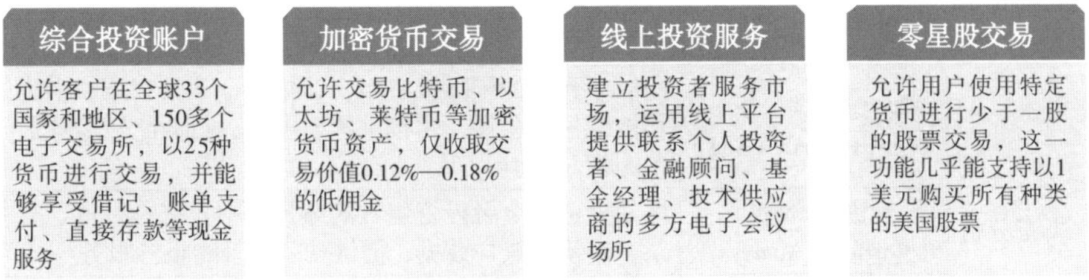

综合投资账户	加密货币交易	线上投资服务	零星股交易
允许客户在全球33个国家和地区、150多个电子交易所，以25种货币进行交易，并能够享受借记、账单支付、直接存款等现金服务	允许交易比特币、以太坊、莱特币等加密货币资产，仅收取交易价值0.12%—0.18%的低佣金	建立投资者服务市场，运用线上平台提供联系个人投资者、金融顾问、基金经理、技术供应商的多方电子会议场所	允许用户使用特定货币进行少于一股的股票交易，这一功能几乎能支持以1美元购买所有种类的美国股票

图 9-8　盈透证券全球化的服务模式

数据来源：盈透证券年报及其他公开资料。

技术先行巩固优势。 盈透证券凭借领先技术赋能交易，开发了多层级、拓展性强的产品功能模块（见表 9-4），能够满足不同层级的投资者的应用需求，为专业投资者、大型机构客户获取实时市场数据、搭建交易系统提供可靠的技术支撑。

表 9-4　盈透证券的产品模块及功能

产品功能	模块构成	主要功能
交易平台	智能传递技术（Smart Routing SM）	技术搜索最优执行价格，支持全球众多交易所、暗池和市场渠道，持续快速搜索和评估市场，定制最低成本的交易方案
	交易工作站（Trader Workstation SM）	允许全球 100 多个交易所的股票、期货、外汇等金融产品交易；允许 26 种不同货币的存款和转换；提供时事新闻、行业研究、基本面等市场数据
	全球股票交易（Global Trader SM）	移动端交易 App 可在全球 90 多个交易所和 30 多个市场中心进行股票交易、零星股交易、外汇交易、价差合约交易和多种货币的存款与转换
风控管理	仓位管理（Position Management）	自动化执行信贷管理和保证金监控，实时计算客户资产的保证金，按要求进行平仓

续表

产品功能	模块构成	主要功能
风控管理	风险指南（Risk Navigator SM）	统一度量全球多种资产类型的风险，从投资组合级别开始，在多个报告视图中依次细化提炼关键信息，识别过度风险
投资分析	全球股票分析（Global Analyst SM）	提供多元化的国际投资组合，挖掘全球具有增长潜力和被低估的公司，可按地区、国家、行业比较全球股票的相对价值
	投资组合分析（Portfolio Analysis）	评估投资者金融投资组合的绩效，整合客户投资、支票、储蓄等账户数据，提供功能完善的报告服务
	投资交易工作站（Trader Workstation SM）	支持开发程序化交易的 API（应用程序接口）和多种编程语言。提供从 Excel-API 到 JFIX-API 等不同技术层级的丰富的应用程序编程接口

资料来源：盈透证券 2022 年度报告。

| 第四部分 |

政府主导的数字金融服务

数字技术引发的另一变革是，政府部门和监管机构亲自下场，从单一的规则制定者转变为游戏参与者和规则制定者。传统金融服务不涉及公共领域，因此政府部门和中央银行更多承担着监管者的职责。而大数据和区块链等数字技术给金融领域带来的改变触及数据和货币等公共产品，这些公共产品如果由私人企业提供可能导致公众福利的损失，以及随之而来的隐私保护、信息安全、数据确权、货币发行等方面的一系列问题。因此，需要由政府部门和监管机构利用数字技术提供公共产品和公共服务。

　　本部分主要考察政府主导的数字金融服务平台和中央银行法定数字货币可能带来的社会福利提升，将其与市场化机构提供的服务进行对比，并透过国外实践总结值得学习借鉴的做法和可能遇到的困境。

**DIGITAL
FINANCE**

———

第 10 章

政府主导的数字金融服务平台

世界银行前行长戴维·马尔帕斯曾说过:"数字化革命有效促进了全球各经济体普惠金融的发展,而政府需要在建立良好的金融基础设施、推动支付数字化、将服务不足的群体纳入金融服务体系等关键领域采取行动进一步推动这种转型。"[①]事实上,各国政府一直致力于搭建政府金融服务平台,并积极推进平台数字化转型,以提升金融普惠性、包容性。

政府主导型金融服务平台的国内外比较

政府金融服务平台是由各级政府主导建设,利用数字科技实现多部门

———

[①] Malpass D. Aiding the digital revolution in global financial inclusion[N]. Project Syndicate, 2022–07−07(6).

业务协同和公共信用信息等数据要素归集治理，集聚银行、担保、投资基金等金融资源，通过共享共用可信数据引导其为中小微企业提供便利优惠的一站式综合金融服务的线上或线下平台。截至 2022 年末，中国已建成全国中小企业融资综合信用服务平台（以下简称"信易贷"平台）以及超过 240 个省、市"信易贷"平台站点。

　　类似的国外平台有两类。一类是提供金融相关信息服务的政府数字基础设施平台。例如，印度建立了政府开放数据平台（Open Government Data Platform），平台通过授权金融机构访问股东信息、纳税申报、商品服务税等企业公共信用信息，以改善其金融服务，将中小微企业贷款审批时间从过去的 20—25 天缩短到 1 小时以内。[①] 另一类是政府主导的中小企业融资服务平台。例如，美国小企业管理局（Small Business Administration，以下简称 SBA）、欧盟投资基金（European Investment Fund，以下简称 EIF）、日本政策金融公库（Japan Finance Corporation，以下简称 JFC）等。这类融资服务平台根据中小企业提供的基础信息和融资需求为其匹配金融机构，由金融机构向企业提供担保贷款、直接融资等综合金融服务，同时平台可以通过贷款担保、增信、资产证券化等工具有效增加金融机构信贷供给，提升小微企业的金融服务可得性。[②] 此外，发达国家政府还会通过该类平台实施各类金融支持政策，让政策性金融服务直达企业，如新冠疫情期间，

---

① 资料来源：India Ministry of Finance. Transformative initiative in MSME credit space will enable in principle approval for MSME loans up to Rs. 1 crore within 59 minutes from SIDBI and 5 Public Sector Banks(PSBs)[EB/OL].(2018−09−25)[2023−10−18]. https://pib.gov.in/newsite/PrintRelease. aspx?relid=183682.

② Helmut K, George P, Alessandro T, et al. SME securitisation−at a crossroads?[Z]. European Investment Fund Working Paper, 2015; Bachas N, Kim O, Yannelis C. Loan guarantees and credit supply[J]. Journal of Financial Economics, 2021, 139(3): 872−894.

SBA、JFC 直接向中小微企业发放低息政府救助贷款等。

总的来说，这些国外政府主导的企业融资服务平台与我国的政府金融服务平台在中小企业融资服务对象和功能上存在一定的交叉，但在载体、参与主体、角色定位、功能等方面仍存在不小的区别（见表 10-1）。国外政府企业融资服务平台可作为独立机构向小微企业提供贷款担保、灾难救助贷款等政策性金融服务，且平台不具备公共数据归集共享功能，其本质上是具备融资服务平台功能的政策性金融机构。然而，我国政府金融服务平台本身不能提供金融服务，仅作为第三方中介撮合匹配金融机构为企业提供相应的金融服务，同时平台归集政府多个部门的海量公共数据，并向金融机构免费提供可信的企业信用信息，以缓解信息不对称问题。

表 10-1　国内外政府金融服务平台比较

比较维度		国外（SBA、EIF）	国内（"信易贷"平台）
共同点	服务对象	中小微企业	
	功能	融资需求发布、融资供需对接	
不同点	载体	线上线下相结合，各地区设有线下办事处	以线上平台为主，各地区线上平台相互联通
	参与主体	经认证的信贷机构（银行、信用互助会等）、小企业投资机构[私募股权投资/风险投资（PE/VC）、众筹等]	与金融机构（银行、保险机构、担保公司、小贷公司等）、信用服务机构合作，投资机构参与较少
	角色定位	第三方中介平台，还可作为独立机构提供政策性金融服务	平台仅是第三方中介，平台本身不提供金融服务
	功能	灾难救助贷款、贷款担保等政策性金融服务；创业咨询、企业培训；平台不归集提供企业公共数据	归集共享政府公共数据，向金融机构提供安全可信的企业信用信息；金融产品超市；政策查询；融资相关政务事项协同线上办理

资料来源：根据 SBA、EIF、中国"信易贷"平台官网资料整理。

国内政府主导型数字金融服务平台的发展历程

2009 年，国内首家综合科技金融服务平台——成都市科技金融服务平台——启动运行①，开启了政府主导的金融服务平台建设高潮（见表 10-2）。截至 2013 年初，全国各级政府已成立了 30 多家科技金融服务平台。该类平台以科技型中小企业为主要服务对象，集聚各类金融机构，以线上线下相结合的方式提供综合投融资服务，同时提供政策咨询、企业培训辅导等公共服务，本质上仍是传统金融服务平台模式。

表 10-2　国内政府金融服务平台的发展阶段

时间	阶段	平台特征	典型案例
2009—2013 年	科技金融服务平台建设阶段	主要为科技型中小企业提供综合金融服务的线上和线下相结合的平台	成都市科技金融服务平台（2009 年）、江苏省科技金融服务中心（2009 年）
2014—2018 年	地方政府自行建设数字金融服务平台阶段	汇集信用信息，利用数字科技为小微企业撮合匹配金融服务的线上平台	台州市金融服务信用信息共享平台（2014 年）、苏州综合金融服务平台（2015 年）
2019 年至今	全国一体化政府数字金融服务平台体系建设阶段	公共信用信息更全，参与主体业务协同更广、更深的一体化数字平台	全国"信易贷"平台（2019 年）；各地方"信易贷"平台站点，如昆明站点（2021 年）

数字技术的发展推动着地区尝试建设小微企业金融服务数字化平台。浙江省台州市于 2014 年率先建成运行了全国首个政府数字金融服务平台——台州市金融服务信用信息共享平台。此后，江苏、浙江、河南等省级政府和苏州、杭州、南京等发达城市陆续自行建设了平台。2018—2022年，国务院、国家发展改革委和银保监会等连续发文，探索推进"信易贷"

---

① 全国首家综合科技金融服务平台在成都启动 [EB/OL].(2009-12-01)[2023-12-03]. http://kjt.hunan.gov.cn/xxgk/gzdt/kjzx/kjzx/tnull_2233919.html.

工作，推动金融、社保、税务、司法等信用信息数据跨部门归集共享，提高中小微企业金融服务覆盖率、可得性和便利度（见表 10-3）。2019 年，国家发展改革委依托全国公共信用信息共享平台建设的全国"信易贷"平台正式上线。随后，此前未建政府数字金融服务平台的地区纷纷加快建设，各地方政府已建的金融服务平台加强整合连通，并通过技术对接、数据交互等方式作为"信易贷"平台地方站点与全国"信易贷"平台实现互联互通，逐步形成全国一体化的信易贷平台体系。截至 2021 年 5 月末，全国"信易贷"平台连通地方政府数字金融服务平台或站点已达 233 个。[①] 至此，我国"全国+地方"的一体化政府数字综合金融服务平台体系基本形成。

表 10-3　推进数字金融服务平台建设的相关政策文件

发文时间	发布单位	政策名称	内容
2006 年 2 月	国务院	《国家中长期科学和技术发展规划纲要（2006—2020 年）》	搭建多种形式的科技金融合作平台，政府引导各类金融机构和民间资金参与科技开发
2017 年 9 月	国务院办公厅	《关于推广支持创新相关改革举措的通知》	为中小企业提供全方位、一站式投融资信息服务
2018 年 4 月	国家发展改革委办公厅	《关于探索开展"信易贷"工作的通知》	加强信用信息共享平台与金融机构的合作，推进"信易贷"工作
2019 年 2 月	中共中央办公厅、国务院办公厅	《关于加强金融服务民营企业的若干意见》	强化融资服务基础设施建设，抓紧构建完善金融、税务、市场监管、社保、海关、司法等大数据服务平台
2019 年 4 月	中共中央办公厅、国务院办公厅	《关于促进中小企业健康发展的指导意见》	依托全国公共信用信息共享平台建设全国中小企业融资综合信用服务平台，开发"信易贷"

---

① 何玲，吴限．全国"信易贷"平台取得四方面积极成效 [N]．中国改革报，2021-05-28(5)．

续表

发文时间	发布单位	政策名称	内容
2021 年 4 月	国务院办公厅	《关于服务"六稳""六保"进一步做好"放管服"改革有关工作的意见》	建设和完善"信易贷"平台，推动水电气、纳税、社保等信用信息归集共享
2022 年 4 月	银保监会办公厅	《关于 2022 年进一步强化金融支持小微企业发展工作的通知》	积极推进信用信息共享机制和融资服务平台建设

政府主导型数字金融服务平台的运作模式

平台架构。目前，我国政府数字金融服务平台的参与主体包括政府部门、中小微企业、各类金融机构、数字技术公司、信用信息服务商等，平台通过互联网门户窗口和公共信用信息数据中心将各参与主体连接起来（见图 10-1）。[①] 平台门户窗口提供 PC 端网页、App 和小程序等渠道入口。通过该门户，企业可发布融资需求，直接申请金融产品，快捷办理相关证明，查询政府支持政策，等等；金融机构可发布线上金融产品，及时响应企业融资需求；政府部门可发布优惠支持政策，动态监控融资情况，等等。公共信用信息数据中心汇集共享政府部门的公共数据，打通了数据孤岛；金融机构通过该数据中心一次性获取企业较全面的信用信息和信用评分。此外，数字技术公司搭建技术底座，通过大数据分析使融资供需匹配更智能精准，运用区块链技术保证企业公共信用信息的安全可信性，支持金融机构对企业信息的需求。整个平台以信用信息为基础，以数字科技为支撑，多方协同为中小微企业提供普惠便利的综合金融服务。

---

① 资料来源：全国"信易贷"平台及地方站点网站。

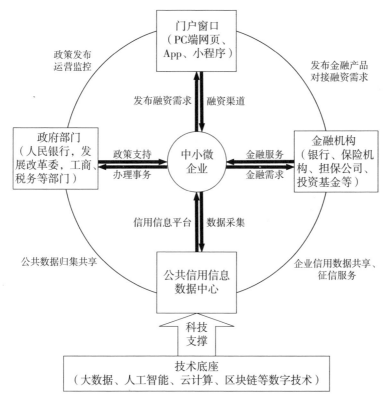

图 10-1　我国政府数字金融服务平台的典型架构

服务模式。当前政府数字金融服务平台存在三种核心的服务模式：一是归集连通政府部门的海量公共信用信息数据，在安全可信的条件下与金融机构无偿共享，支持其进行精准决策；二是建立政府部门和金融机构业务协同机制，实现金融服务与相关政务事项协同在线办理，让企业"少跑路"；三是平台依据企业融资申请、信用信息、位置等因素为其智能撮合匹配最优金融产品，建立银行抢单机制，向银行推送信用资质良好的"白名单"企业，提升融资供需双方对接效率。

政府主导的金融服务平台与市场化机构主导的金融服务平台

目前我国还存在由以第三方互联网企业为代表的市场化机构建设的金融服务平台，如金蝶效贷、诺诺数科、客如云等助贷平台。① 其依托企业SaaS 平台掌握了大量小微企业的在线订单、采购、发票财税、经营流水等核心数据，利用信息优势，协助银行、小贷等信贷机构拓展和筛选客户，有效撮合融资供需双方。该类平台与政府数字金融服务平台在服务模式上有一定的相似性，但在垄断性、信息内涵、盈利性等方面存在区别，两类平台各有利弊，一定程度上能够相互补充（见表 10-4）。政府主导的金融服务平台具有非独占性和非排他性，无偿提供公共信息数据，而市场化金融服务平台具有信息垄断性和排他性，有偿提供交易信息和行为信息。在掌握的信息资源上，两类平台存在互补性。政府性平台相对于市场化平台来说，数据的权威性和安全性更高，权责边界更加明晰，潜在风险更小，市场化平台可能存在数据违规使用风险。市场化平台运营机制和激励机制更灵活，能够迅速适应市场需求和技术变化，具有较充足的资金保障平台可持续运营，而政府性平台的建设运营主要依赖财政资金，部分平台长期可持续运营能力较弱，运行机制相对受限，创新性和主动性不足。

表 10-4   政府主导的和市场化机构主导的金融服务平台比较

比较维度	政府主导的金融服务平台	市场化机构主导的金融服务平台
建设单位	各级政府	第三方互联网企业
垄断性	非独占性、非排他性	信息垄断、排他性

---

① 新流财经. 盘点 10 家小微金融助贷平台，手握税务数据，工行、浦发等银行争相合作 [EB/OL].(2019-04-09)[2023-12-03]. https://iof.hexun.com/2019-04-09/196764126.html.

续表

比较维度	政府主导的金融服务平台	市场化机构主导的金融服务平台
信息资源	公共信息	交易流水、财税、采购等经营行为信息
盈利模式	无，公益性	收取服务佣金
权责边界	数据隐私的保护和使用更规范	数据的权责边界模糊
潜在风险	公信力强，隐含风险更小	存在多种违规风险
运营机制	运行机制相对不灵活，创新性和主动性不足	机制灵活，能够迅速适应市场需求和技术变化
持续运营能力	长期可持续运营能力较弱	平台可持续运营能力较强

政府主导型数字金融服务平台的作用机制

现有政府数字金融服务平台在促进融资上相较传统政府金融服务平台有显著优势（见表 10-5）。政府数字金融服务平台通过以下作用机制对企业金融服务产生了积极影响。

表 10-5　政府金融服务平台的传统模式与数字模式比较

比较维度	传统模式	数字模式
服务模式	集聚金融机构提供多元金融产品的"金融线上超市"	公共信用信息归集共享，政府部门和金融机构业务协同
产品	以基于抵押品的传统信贷产品为主	以普惠小微贷款、信用贷款为主
金融服务范围	受制于企业信息不健全，金融机构更偏向服务大型企业	银企信息不对称问题有所缓解，金融服务范围向小微企业拓展
金融服务效率	融资流程相互隔离，综合等待时间长，融资服务效率低	全流程线上化，融资服务效率高
金融服务成本	金融机构和企业交易成本高	金融机构和企业交易成本降低，间接推动融资成本下降

首先，政府数字金融服务平台通过推动更广泛的信用信息归集共享，缓解信贷服务提供商与借款人之间的信息不对称问题[1]，提升小微企业金融

---

[1] Pagano M, Jappelli T. Information sharing in credit markets[J]. The Journal of Finance, 1993, 48(5): 1693–1718.

服务可得性，扩大覆盖面①。世界银行数字金融课题组认为，政府开放收入、税务、教育、就业经历等公共数据的覆盖面、质量和获取便利性决定了数字金融服务的质量。②传统征信体系下，金融机构只能有限地获取企业相对滞后的基本工商信息、信贷信息、纳税信息等，获取小微企业信用信息则难度更大、成本更高，导致其普遍不敢向小微企业发放贷款。而政府数字金融服务平台通过跨部门归集打通工商、水电气、司法、财税、环保等公共数据，金融机构可无偿获取高质量且更及时全面的小微企业信用信息，有效缓解了银企信息不对称问题，将原本信用信息缺失或不健全的市场主体也纳入服务范围。同时，范围更广的信用信息还能助推纯信用贷款供给增大。

其次，平台能降低融资主体和金融机构的交易成本，提升融资效率。当前，政府数字金融服务平台基于公共信用数据，利用大数据技术向金融机构推荐信用良好且有融资需求的企业名单，以及通过融资撮合机制将企业需求与金融机构产品智能精准匹配，降低了金融机构拓展客户的搜寻成本。③平台无偿提供企业信用信息、专业化信用评分等服务，也降低了银行评估融资主体信用情况的交易成本。同时，平台推动金融服务过程中涉及的政务事项实现线上协同办理，例如在办理抵押贷款的同时在线提交抵押登记手续。过去客户需要线下跑多个部门，现在客户只需跑一次，有效减

---

① Behr P, Sonnekalb S. The effect of information sharing between lenders on access to credit, cost of credit, and loan performance—Evidence from a credit registry introduction[J]. Journal of Banking & Finance, 2012, 36(11): 3017-3032.

② Pazarbasioglu C, Mora A G, Uttamchandani M, et al. Digital financial services[Z]. World Bank Working Paper, 2020.

③ Chague F, De-Losso R, De Genaro A, et al. Well-connected short-sellers pay lower loan fees: A market-wide analysis[J]. Journal of Financial Economics, 2017, 123(3): 646-670.

少了"皮鞋成本"和时间成本，提升了信贷服务速度和便利度。2017 年中国人民银行台州市分行的一项调研显示，银行原来对一个潜在小微客户贷前尽调的平均耗时为 20 小时，成本约 400 元，借助台州市金融服务信用信息共享平台后，几乎可实现零成本且审批时间缩短近 70%。[1]

最后，平台通过广泛的公共信用信息共享提高企业信息透明度，削弱了部分银行在小微企业信贷领域的信息优势[2]，加剧了信贷市场竞争，进而使得企业融资成本降低。中小银行依靠客户经理的线下沟通交流掌握软信息，例如浙江泰隆商业银行通过聘请乡村联络员和派驻客户经理收集"三表三品"信息，掌握了其他银行无法获取的信息，建立起信息"护城河"，以维持自身的高利率定价；而平台提供的海量公共信息扩大了银行获取中小微企业信息的渠道，以及一些平台引入"抢单制"等银行竞争机制，进一步降低了原有部分中小银行的信息优势，进而降低了中小企业融资成本。例如，2021 年江苏省综合金融服务平台内，小微企业平均贷款利率为 4.67%，同比下降 23 个基点，低于同期江苏省小微企业贷款平均利率，尤其是在"大数据＋征信"的支持下，平台内信用贷款平均利率也仅为 4.68%，与其他类型贷款基本持平。

① 李国辉 ."信用高地"是怎样炼成的：小微企业金融服务改革创新的"台州密码"（政府篇）[N]. 金融时报 ,2017-09-27(1).

② Liberti J, Sturgess J, Sutherland A. How voluntary information sharing systems form: Evidence from a U. S. commercial credit bureau[J]. Journal of Financial Economics, 2022, 145(3): 827-849; Dierkes M, Erner C, Langer T, et al. Business credit information sharing and default risk of private firms[J]. Journal of Banking & Finance, 2013, 37(8): 2867-2878.

政府主导型数字金融服务平台的痛点和展望

2014 年以来，我国各级政府主导的数字金融服务平台建设已取得多方面积极成效，但依然存在一些痛点和堵点。例如，省、市平台功能和服务趋同，低效重复建设，金融产品可能被要求重复上线多个平台，徒增金融机构工作量，而且平台主管部门不同，统一协调机制不完善；数据权属、数据安全保护等领域的法律制度基础有待健全，平台司法闭环尚未建成；部门间数据格式标准时效性不统一、数据质量参差不齐，跨区域跨部门的数据共享和业务协作机制不完善，数据治理工作亟须加强；大部分平台的金融产品类别较单一，主要是银行的间接融资产品，投资机构参与较少且缺乏服务场景；平台迭代升级推动建设成本不断上升，只依赖于财政补贴可能难以支持平台持续发展。

展望未来，政府数字金融服务平台应基于"省级平台综合化＋市级平台特色化"发展框架深化横向纵向互联互通，健全统筹协调工作机制，加强资源整合，减少重复建设；健全公共数据管理法律法规，完善平台数据服务制度基础；打破数据壁垒，推动更大范围的跨部门数据归集共享，对接市场化平台机构数据，丰富数据维度鲜活度，加强数据治理，提升数据质量，同时确保公共数据的安全；引入投资机构、租赁公司、证券公司等非银行金融机构，创新产品服务，拓展业务协同场景；探索商业化增值服务模式，提升平台可持续经营能力。

典型案例——地方政府数字金融服务平台 ① 💡

　　浙江省金融综合服务平台由国家金融监督管理总局浙江监管局牵头建设，于 2019 年 11 月发布上线（见图 10-2），荣获 2021 年度"全国中小微企业融资综合信用服务平台"评选第一名。该平台的系统建设和运行水平处于全国领先地位。

图 10-2　浙江省金融综合服务平台门户网站界面

1. 创新举措

　　一是打造数据中台，搭建信息共享桥梁。与征信报告等传统信用信息服务模式不同，浙江省金融综合服务平台通过搭建金融业通用的数据中台和专业化数据治理体系，归集连通散落在多个部门的金融相关公共信息数据，

---

① 本案例相关内容经国家金融监督管理总局浙江监管局确认并同意授权使用。衷心感谢国家金融监督管理总局浙江监管局提供的帮助。

提供高维可信且全方位支持信贷业务信息需求的数据共享服务，让金融机构敢用能用数据。银行可在融资服务全流程的各个环节根据员工的具体工作职责调整数据查询权限，实现"字段级"定制化，精准获取企业信息。目前，该平台已融合发改、生态环境、税务等58个政府部门的公共数据，1万多个数据字段，建成全国首个金融专题政务数据库，可一键式支持银行信贷业务近70%的数据需求。依托平台的数据服务，银行还可针对小微企业开发纯线上、纯信用的贷款产品。截至2023年10月末，该平台上的数据调用量累计超4.5亿次，注册资本低于100万元的小微企业占被查询企业总数的七成以上。

二是利用数字技术，智能精准对接融资供需。浙江省金融综合服务平台开发了"浙里网上贷""浙里掌上贷""支付宝小程序"等门户窗口。通过该门户企业可在线提交融资需求，银行可线上入驻并发布金融产品，平台依托大数据等数字技术自动校验企业信息，根据准入条件、授信额度、风险、位置等因素进行智能匹配后，精准推送最适宜的信贷产品给企业，并在企业申贷后将相关信息发送至对应银行，有效提升银企对接撮合效率。此外，平台还嵌入了银行业务系统，在企业线上自助发起融资申请后，银行通过系统直连实现即时信息共享，并基于获取的高维数据进行智能信贷决策。截至2023年10月末，浙江省金融综合服务平台已覆盖全部省、市、县三级银行对公网点，210家银行机构、9844家网点入驻，发布1383款信贷产品，全省4万余名客户经理在线快速响应对接企业融资需求。

三是建立跨部门业务协同机制，优化金融服务流程。浙江省金融综合服务平台通过与多个省级政府部门建立跨部门跨系统业务协同机制，推动金融机构、金融监管部门与省级政府部门数据共享，实现金融服务与相关政务事项线上协同办理，重塑金融服务整体流程。例如，平台与浙江省自然资源厅和银行通过数据"总对总"对接的模式，建成全国首个不动产抵押登记网络化办理系统，实现银行端抵押贷款与抵押登记手续线上同步办理，客户无须再另行前往不动产登记中心，将原先线下 5—8 天的办理时间缩短至 5 小时左右。此外，积极试点公积金数据共享子系统，省直公积金中心可通过该系统从银行实时获取客户贷款数据并自动审核处理，实现提取公积金还贷业务全线上办理，大幅减少交易时长和成本。

2. 主要成效

自 2019 年上线以来，截至 2023 年 10 月末，浙江省金融综合服务平台累计交易量超 8.8 万亿元，日均数据调用量约 60 万次，在提高中小微企业融资服务覆盖面和可得性方面取得积极成效，已累计为 900 多万家企业和个体工商户授信 34 万笔、2.4 万亿元，其中，17% 为首贷户，26% 为纯信用贷款，93% 为普惠型小微企业贷款，显著领先全国同类平台。此外，有效缩短了金融服务流程，提升了金融服务综合效率，88% 的贷款在 3 天内完成授信，不动产抵押时间压缩了 93%，知识产权质押时间压缩了 70%，贷后管理效率提升了约 1/3。

第 11 章

央行数字货币

世界上货币的形态经历了从贝壳到铜币、银币、金币等金属的演变。直至北宋时期"交子"出现，纸币正式登上历史舞台。1816 年，英国通过《金本位制度法案》，首次正式以法律条文的形式将纸币和黄金的兑换比例挂钩。1944 年，布雷顿森林体系建立，金本位进入以美元为中心的"金汇兑本位制"。20 世纪 70 年代，随着布雷顿森林体系的瓦解，主权货币步入纯信用货币时代。2008 年金融危机后，以区块链技术为支撑的去中心化的比特币诞生，沉寂已久的"自由铸币"思想复燃。历史上的确零星出现过自由竞争发行货币的事件，但最终引发了社会经济动荡。鉴于货币的公共产品属性，其需要由政府提供，中央银行数字货币（Central Bank Digital Currency，CBDC，以下简称央行数字货币）应运而生。

何谓央行数字货币

央行数字货币的概念缘起于英格兰银行提出"数字英镑"的概念。国际上普遍将其定义为央行货币的数字加密形式，其以商业银行和其他金融机构在央行持有的准备金或结算账户余额的形式发放。基于此，国际清算银行构建了包含"广泛获得、数字形式、央行发行、代币技术"四个维度的"货币之花"（the money flower），只有现金（M0）符合上述定义，而存款和各类准备金均不属于该范畴。[①] 与传统货币不尽相同的功能定位导致各国央行数字货币在设计思路和货币生成方面存在分歧。

设计思路上，有基于央行账户的央行数字账户（CBDA）和不基于央行账户的央行加密货币（CBCC）两种。前者意味着中央银行的账户向消费者开放，允许消费者如同在商业银行开户一样在中央银行开户，而后者意味着央行数字货币是中央银行以区块链技术发行的货币。然而，考虑到消费者的隐私偏好，支付、清算和结算中的效率提升以及金融普惠性[②]，各国央行主要采用第二种设计思路。

货币生成上，央行数字货币面临着发行和兑换两种模式。两者的区别在于：前者的主体是货币发行机构，属于主动供给；后者的主体是货币使用者，属于按需兑换。因此在央行资产负债表上的表现也不同：按需兑换是将其定位成现金的补充或替代，负债端实行 1 ：1 兑换，并未出现扩表；而主动发行（例如"数字美元计划"）则采用资产购买或"直升机撒钱"等

[①]　BIS. Central bank digital currencies: Foundational principles and core features[Z]. BIS Reports, 2020.

[②]　美国联邦存款保险公司（FDIC）指出，2017 年大约有 1400 万名美国成年人没有银行账户，进而导致美国政府难以发放紧急救济资金。而基于代币的数字美元能够有效克服这一问题，扩大服务覆盖范围，将全部能够使用移动设备的人群纳入其中。

方式，使得资产负债两端均有扩张。

如表 11-1 所示，正如国际清算银行（BIS）指出的，央行设计数字货币需要考虑的要素包括工具、系统和机构三个维度，14 项具体特性 / 内容。其中，工具要素是指央行数字货币作为交易媒介应该具备的要素；系统要素是指央行数字货币系统，即基础设施、功能体系和参与用户所需具备的要素；机构要素则是指央行数字货币系统所必需的制度、法律和监管保障。

表 11-1　央行如何设计数字货币

要素维度	特性 / 内容	具体内容
工具要素	可交换	为了保持货币的单一性，CBDC 应该与现金、私人货币进行同等兑换
	便利性	CBDC 支付应该像使用现金、刷卡或电子支付一样简单
	实用性	CBDC 应可用于许多与现金相同类型的交易，包括人机支付和人与人交易
	低成本	CBDC 支付对最终用户来说应该是成本非常低的或没有成本的，他们也应该面临最低的技术投资要求
系统要素	安全性	CBDC 系统的基础设施和参与者都应该对网络攻击和其他威胁具有极强的抵抗力
	及时性	系统的最终用户应能获得即时或近乎即时的最终结算
	高弹性	CBDC 系统应对运行故障和中断、自然灾害、停电、其他问题具有极强的弹性。如果网络连接不可用，终端用户应该能够进行离线支付
	可得性	CBDC 应该可以在一年中的任意时刻被用户使用
	高吞吐	该系统应该能够处理大量的事务
	可扩展	为了适应未来大容量的潜力，CBDC 系统应该能够扩展
	交互性	该系统需要与第三方数字支付具有互动机制，以方便资金流动
	灵活性	CBDC 系统应具有灵活性，能够适应不断变化的条件和政策要求
机构要素	健全法律框架	中央银行具有 CBDC 发行权
	符合监管标准	提供 CBDC 转移、存储或托管等服务的实体需要被置于监管之下

资料来源：BIS. Central bank digital currencies: Foundational principles and core features [Z]. BIS Reports, 2020.

央行数字货币与数字支付

央行数字货币与数字支付之间存在着一定的补充性和替代性。其中，补充性体现在以下两个方面：一方面，CBDC 提供新的支付方式，有效提高了运营弹性。[①] 与现金相比，可以离线使用的 CBDC 系统有利于为网络不发达地区提供更好的支付手段。另一方面，可交互、可兼容的 CBDC 在提升跨境支付效率、降低跨境支付成本、提高跨境支付透明度等方面具有潜力。[②] 跨境支付比境内支付更为复杂，涉及交易数据等个人隐私时，私有的数字支付业务会被境外法律严重限制，而 CBDC 则无此类担忧。

至于替代性方面，央行数字货币主要在以下领域发挥作用：一是提高社会效率。[③] 数字支付系统的集中和垄断意味着用户和商家可能会面临高进入壁垒和高成本 [④]，而 CBDC 以公共产品的形式加入市场，从而通过市场竞争消除壁垒。二是促进转移支付。新冠疫情防控期间，政府迅速向公众和企业转移资金，说明了拥有高效数字基础设施的重要性，而 CBDC 意味着政府可以脱离数字支付系统，直接对用户开展转移支付。三是支持公众隐私。[⑤] 现金的一个关键特征是不存在集中的持有或交易记录，而 CBDC 作为现金的替代者，能够在保障用户账户安全的同时，改善数字支付缺乏隐私保护的问题。

[①] Allen S, Čapkun S, Eyal I, et al. Design choices for central bank digital currency: Policy and technical considerations[Z]. NBER Working Paper, 2020.

[②] CPMI. Cross−border retail payments[Z]. CPMI Papers, 2018.

[③] CPMI. Central bank digital currencies[Z]. CPMI Papers, 2018.

[④] 例如被迫在不同第三方支付机构之间二选一，以及每单支付收取较高的手续费。

[⑤] Bordo M D, Roberds W. Central bank digital currencies, an old tale with a new chapter[Z]. NBER Working Paper, 2022.

　　归根结底，上述相互补充和替代的格局是由央行数字货币与数字支付存在的显著差异造成的（见表 11-2）。央行数字货币属于第二方支付，能够促进转移支付，央行背书有利于开展跨境支付，使用成本低有助于提高社会效率，适用范围广能够提高运营弹性和金融普惠性，而隐私保护更是加密货币的一大特色。

表 11-2　央行数字货币与数字支付比较

指标	央行数字货币	数字支付
所属类别	第二方支付	第三方支付
持有机构	中央银行	大型科技公司
使用成本	低	高
适用范围	广	窄
技术水平	强	弱

央行数字货币与货币政策实施

　　以央行数字货币（CBDC）为政策工具的货币政策有两种实施框架和两种实施手段，两者产生的政策效果也截然不同。第一种实施框架是美国和英国等国家所采用的，其核心操作是将有息 CBDC 直接投放到市场中，用于购买家庭和金融机构所持有的国债资产。该做法可能造成以下四点影响：一是强化商业银行的资产可流动性。国债的流动性和变现能力较差，可能导致商业银行在极端情形下破产。而 CBDC 作为一种有息资产，具备与国债相同的计息功能，但同时其作为法定货币，具备与现金等同的流通功能，因而有效提高了商业银行的资产流动性。[①] 二是减轻政府付息负担，

---

① Barrdear J, Kumhof M. The macroeconomics of central bank issued digital currencies[Z]. Bank of England Staff Working Paper, 2016.

缓解税收扭曲。通过购买国债的方式发行 CBDC，一方面会直接推高国债价格，降低实际利率；另一方面国债持有者相当于将国债置换为另一种有息资产，更容易被广泛接受，从而可能大幅减轻政府的偿付压力，进而间接地降低税率，缓解税收扭曲。[①] 三是提高量化宽松（quantitative easing）政策的有效性。量化宽松依赖资产市场的相对价格变化，并向经济体释放流动性，然而后者的有效性取决于商业银行的行为。[②] 运用 CBDC 资产购买可以绕过商业银行，因此当面临紧缩性冲击时，反周期注入 CBDC 比量化宽松效果更佳。[③] 四是有息 CBDC 使得中央银行兼具了商业银行吸收存款的功能。在满足用于替代现金 [④] 和商业银行存在市场力量 [⑤] 等条件下，CBDC 不会挤出银行存款，反而有利于增强市场竞争并提高社会福利 [⑥]，只有在设计过分不合理等极端情形下，CBDC 才会威胁到金融稳定。[⑦]

　　第二种框架是以中国为代表的新兴市场国家发行 CBDC 的主要思路，即采用"中央银行—商业银行"的二元结构，以与银行备付金 1 ∶ 1 兑换的

① Barrdear J, Kumhof M. The macroeconomics of central bank issued digital currencies[Z]. Bank of England Staff Working Paper, 2016.

② 因为任何从非银行私营部门购买的证券都需要通过商业银行这一中介，因此商业银行的资产负债表在此过程中会扩张。而如果商业银行有其他措施造成量化宽松导致的资产负债表增加被（部分）抵消，向经济注入实际货币余额所带来的好处将相应减少。

③ Mishra B, Prasad E S. A simple model of a central bank digital currency[Z]. NBER Working Paper, 2023.

④ Keister T, Sanches D. Should central banks issue digital currency?[J]. The Review of Economic Studies, 2023, 90(1): 404−431.

⑤ Chiu J, Davoodalhosseini S M, Jiang J,et al. Bank market power and central bank digital currency: Theory and quantitative assessment[J]. Journal of Political Economy, 2023, 131(5): 1213−1248.

⑥ Andolfatto D. Assessing the impact of central bank digital currency on private banks[J]. The Economic Journal, 2021, 131(634): 525−540; Williamson S. Central bank digital currency: Welfare and policy implications[J]. Journal of Political Economy, 2022, 130(11): 2829−2861.

⑦ Brunnermeier M K, Niepelt D. On the equivalence of private and public money[J]. Journal of Monetary Economics, 2019,106: 27−41.

方式发行无息 CBDC（见图 11-1）。在这一框架下，由货币创造过程可知，CBDC 仅仅作为现金的替代品，在货币政策实施和传导过程中不会引发额外的效果。正如中国人民银行前行长周小川所言："央行发行的数字货币目前主要是替代实物现金，降低传统纸币发行、流通的成本，提高便利性。总体看，央行在设计数字货币时会对现有的货币政策调控、货币的供给和创造机制、货币政策传导渠道做出充分考虑。"①

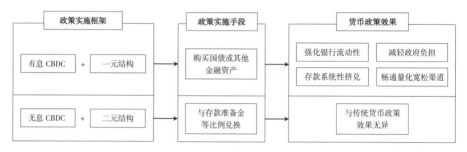

图 11-1　以 CBDC 为工具的货币政策

央行数字货币的各国实践

目前全球有 130 个经济体正在研究和开发 CBDC，并有超过一半的经济体正在进行具体实验或试点，但迄今为止只有巴哈马、牙买加和尼日利亚这 3 个国家全面推出了 CBDC。其他如美国、欧盟和英国等发达经济体仍在研究和权衡各自的选择（见表 11-3）。例如，美国的 CBDC 研究思路以批发型数字美元为主，零售型则陷入停滞，也暂无试点计划。数字欧元目前正处于准备阶段，预计可能会在 2025 年 11 月推出。

---

① 周小川行长接受《财新周刊》专访 [EB/OL].（2016-02-13）[2023-11-20].http://www.pbc.gov.cn/goutongjiaoliu/113456/113469/3016856/index.html.

表 11-3　世界主要经济体的央行数字货币发行进展

经济体	发行结构	性质	发展现状	技术运用
中国	二元结构	M0 替代品 无息资产	基本完成各项设计调试工作，正在试点阶段	部分采用区块链技术（共识算法和智能合约），辅以可信技术、芯片技术和信道安全技术
美国	一元结构	M0 替代品 有息资产	已有大致的设计框架，加速研究和试点工作	—
欧盟	—	M0 替代品 有息资产	已经就数字欧元的设计原则与技术方案进行了广泛讨论，并将在未来几年内推出试点	采用联盟链，建立在 R3 搭建的分布式账本（DLT）平台 Corda 之上
英国	一元结构	M0 替代品 有息资产	2016 年开发 RSCoin 原型，目前仍在探索中	—

数字人民币的未来

　　数字人民币作为一种金融基础设施，的确提升了金融服务的可获得性，提供了高效率、低成本的支付结算工具，为部分传统商业模式的风险问题提供了新的解决路径。例如，数字人民币扩展了普惠金融服务边界。使用数字钱包，政府和金融机构直接向居民和企业发放资金，进而摆脱了数字支付依赖移动互联网的限制，强化了政府的转移支付能力。数字人民币有利于提高金融安全性，能够降低洗钱犯罪风险，帮助监管部门有效追踪非法资金流动，但是由于增加了原有账户体系和数字货币体系两者之间对接所产生的新领域，这也可能增加新的风险源。

　　随着"数字货币桥"的建成，未来各国和地区跨境支付能力将大幅提高。各国"上桥"央行数字货币可以自动兑换成数字人民币，直接跳过第三方机构，有效节约了汇款成本，并且实时到账，提高了汇款效率。此外，各国央行认可的"数字货币桥"能够有效避免数据安全、隐私保密和与数字支付相关的法律差异引发的纷争，更有利于人民币走向国际化。

备付金发行制度可能意味着一种新的货币政策调控手段。当前数字人民币的发行被设计为"商业银行发起申请—用备付金1：1换取数字人民币—储户用存款1：1交换数字人民币"的形式。从技术角度出发，人民银行可以要求商业银行强制兑换数字人民币，从而在不改变银行资产负债表的前提下，将银行负债从存款转换进数字钱包中，减少贷款资金来源，影响货币乘数。

数字人民币未来可能成为"特殊M0"。目前的数字人民币作为零售型货币发行定位M0，其无法生息。但未来数字人民币会向批发型货币扩展，以满足银行间的资金往来需要，并可能以某种形式转化为生息资产，从而提高数字人民币的普及度。值得注意的是，与国外数字货币的设计思路不同，数字人民币是将其以某种特定形式作为信贷资金供应，由此产生利息。而国外数字货币与国债等资产对标，属于央行负债，央行为其支付利息。

数字人民币离线支付功能在未来可能进一步提高支付便利性和可得性。其离线支付功能被设计为两种：单侧离线和双侧离线。所谓单侧离线是指首付款双方只要有一方联网，即可完成支付转账。而双侧离线是指不通过App，利用手机、IC卡等特定的支付工具完成交易。运用智能合约嵌套入海洋、山区等信号不好或无法使用移动终端的特定场景后，双侧离线能够大幅提高支付效率。从实践来看，在解决业务规范问题后，双侧离线功能将能够快速大规模部署，对现有支付体系形成有益补充。

数字人民币的推广仍需依靠商业化解决方案。当前数字人民币的推广并不顺畅，若采用强制推广的模式反而可能适得其反。零售消费场景的支付服务生态由五大参与主体构成：消费者、商户、商户服务商、第三方支付机构平台、数字支付中间商和商业银行。若要快速推广数字人民币，则必须满足上述五者的利益。然而，首先，数字人民币相较于第三方支付在支付便利性和支付生态方面并无优势，无法提供更好的用户体验，消费者并不买单。其次，零费用和实时到账对商户具有一定吸引力，对第三方支付公司和数字支付中间商而言却无利可图。最后，商业银行自身生态有限，很难通过补贴推广的方式使数字人民币大范围普及。因此如果忽略各方需求而强制推广，效果必然不甚理想，数字人民币的推广普及可能还需运用商业思维解决。

数字钱包亟须新的监管办法。与传统银行账户不同，数字人民币既是现金，又是支付工具，还兼具大量类账户的属性。因此需要新的统合框架对数字人民币展开监管，以防范可能的风险。此外，"定向资金＋智能合约"是数字人民币实践的一大特色，两者也需要监管部门制定对应的设计方案和管理办法，以发挥出数字人民币的最大功效。

SECTION 5

| 第五部分 |

调研笔记

本部分主要记录了对数字技术公司、金融机构等进行调研的主要问题和获取到的观点，并且用问答的方式梳理成调研笔记，供读者阅读查看。走访的调研机构类型涵盖政府主导型数字金融服务平台、金融信息服务系统供应商、数字化金融信息服务商、数字技术公司、互联网银行、证券公司、商业银行、数据服务供应商、大型国有商业银行。

政府主导型数字金融服务平台

Q1：请问当一家企业在金融综合服务平台（简称金综平台）发起融资需求后，一般有多少家银行会主动联系该企业？还是双方事先商量好了，只是现在要求在线上办理？

　A：不同平台派单的方式不一样，有些平台属于发布后银行抢单，类似滴滴打车，先抢到的联系客户。金综平台属于需求发布式，根据规则匹配对应的银行产品，然后客户指定选一家或几家，银行收到需求后主动联系企业。也有的属于双方事先商量的形式，或者客户经理主动联系客户在线上下单。平台在客户线上下单的同时，同步完成数据授权，银行就可以在线查询客户在政府部门的相关数据。

Q2：金综平台提供信息和企业征信报告，企业发布融资需求，实际上会加剧银行之间的竞争吗？

　A：现在企业还没有形成完全自发主动地从平台发起订单的习惯，还没有像类似淘宝购物那样日常去发起金融服务的需求。大多数企业融资还是"线上＋线下"相结合，线上渠道用于辅助客户授权、数据查询等。我司认为提供信息和企业征信报告会促进信息更加透明一些，应该能形成比较良好的竞争。

Q3：金综平台最大的价值在哪里呢？

　A：目前看来，主要有两大方面的价值：一是政府各个部门的公共数据在金融行业全面应用，对于疏解银企信息不对称问题将发挥很大的作用，银行在贷前、贷中、贷后各个环节都能够无偿使用政府的权威数据，相比过去，这是一个很大的突破，也是浙江省数字化改革金融业的一个标志性变革。

二是金融服务过程中部分环节需要涉及政府服务，比如抵押、质押、公积金，过去部门之间流程隔离，需要客户多个部门跑，综合等待时间长、所需资料烦琐。金综平台建立了一条连接政府部门和金融机构的业务协同的通道，金融服务和政务事项可以协同在线办理，比如在办理抵押贷款的同时，可以在窗口在线提交抵押登记手续，推动金融机构和政府部门流程再造。此类场景，无论是银行还是政府办事部门，需求都很大，能够提高个人或企业的办事效率。

Q4 : 通过省金综平台，融资的可获得性提升了，融资成本会有所降低吗?

A : 比如以前我们去公积金中心提取公积金时，需要先去银行打印还款流水或者开一些账户证明，流程较烦琐。现在我司正在与省公积金中心打通直接联系的渠道，经个人授权后，银行还款流水信息可自动用于办理公积金业务。以后公积金业务全流程均可线上办理，大大提高了办理效率。客户无须再两头跑，公积金中心数据直达更方便，银行同样能节省此类开银行流水的人力。现在融资成本整体都在下行，我司没有客观量化分析评估融资成本降低中是否有这个因素。但直观来看，这对于提升融资效率、金融服务可得性和便利性是有帮助的。

Q5 : 政府信息公开、透明，是否能改善信息不对称的问题，降低融资成本呢?

A : 总体上，促进信息共享、促进效率提升对降低融资成本是有帮助的，在节约转贷成本等点上已有比较好的佐证。面上来看，现在政策面大力推进惠企让利，整体的贷款市场报价利率（LPR）都处在下降通道，我司没有专门量化深入分析过平台这个因素。

金融信息服务系统供应商

Q1：请简单介绍国内金融行业数字化转型的现状。

A：中国的金融行业正在经历广泛的数字化转型。首先，国内银行业的数字化转型包括线上银行、存量业务数字化、金融科技提升用户体验及降本增效。数字化技术使得银行的营业模式从物理网点向开放金融模式转变，让银行实体隐藏在应用场景背后。其次，财富管理行业的数字化以平台化的智能投资顾问、财富管理产品、构建数据底座为主，但国内大多数财富管理仍属于理财营销，并未真正提高客户的收益率。再次，国内数字化的行业标准有更高要求，如对公有云的监管、金融大模型的行业应用标准等。最后，金融行业的数字化转型也在更多参与政府的公共服务项目，如征信平台、风险监测系统、金融服务平台等的建设，以支持政府的公共服务需求。

Q2：请概述贵公司的服务模式和技术演进历程。

A：我司最初的定位不是一家持牌金融机构，而是能够覆盖各种金融机构数字化服务需求的金融科技供应商。从我司的技术发展来看，不同产品线的迭代升级速度有差别，但都会经历三个主要阶段：项目化→产品化→平台化。最早的数字化服务以项目化为主，为客户量身定做一些系统。由于金融机构存在共性，我司逐渐实现产品化，打造了一批有竞争力的产品，目前这还是我司的主流服务模式。另外，平台化是近几年兴起的趋势，我司正处于产品化到平台化的交汇期。

从自身的技术发展来看，数字化转型提高了开发和运营的效能。

第一，实现软件研发过程中的项目数字化管理。公司可以第一时间监控资金和人力的消耗情况，全过程把控研发质量，实现研发项目的流程化管理、量化管理、平台化管理。第二，公司管理中应用数字化技术，在"研发→市场→合同→回款"的运营管理闭环中均能实现数字化。第三，构建低码平台，提高开发执行效率。比如在软件开发界面能实现"拖拉拽"的人机互动模式，希望未来在更多的业务建模方面能采用这种方式。第四，采用大模型来辅助程序开发。简单、不重复的业务能通过大模型实现 0 代码，解决业务人员面临的突发、即时、不可预期的问题。

Q3 : 贵公司在银行 IT 方面的业务占比较小，相比证券公司、资产管理公司的业务，您认为金融科技在银行业的应用与前两者有何不同？以及有哪些独特的风控要求？

A : 我司最初专注于期货 IT 系统的开发，在 20 世纪末才开始从事证券公司和其他类型金融机构的数字化转型服务。证券行业在 IT 的标准化方面要求相对较高，因此证券业在 IT 领域起步相对较晚，而相较之下，银行的 IT 起步较早，有更广泛的技术基础，在行业层面金融科技的普及率也更高。而我司能够实现证券产品数字化转型，这也是我司的重要优势。相较于银行业和保险业的资本市场业务，证券业更加标准化，共性大于个性，有利于监管部门对证券业设定标准化的风险评估和管理标准。

Q4 : 金融机构数字化转型的核心驱动力是什么？

A : 金融机构数字化转型的核心驱动力是技术因素。一方面，以国内银行的数字化转型为例，可分为四个发展阶段：1.0 物理网点、2.0 网上银行、3.0 手机银行、4.0 开放金融模式。数字化技术能改变银行显性网点的特点，使其隐藏在各种产品背后，让开放金融模式逐渐成为主流。另一方面，在证券数字化转型方面，财富管理、线上产品、客户运营、投资顾问管理等也在不断发展，但相较于银行业，证券业在数字化转型方面稍微落后一些。金融科技本身的风险体系相对较为成熟，具备一系列自动风险评估标准，能避免潜在的"踩踏效应"。人工智能（AI）技术有助于让市场更加理性、更稳健地控制风险，减少市场的异常波动。

Q5 : 贵公司推出的许多产品都采用了松耦合的技术，但是系统越松耦合，卷入问题的服务商越多，产生问题后的追责取证也就越困难。贵公司对于解决松耦合带来的风险有没有独特的手段与见解？

A : 解耦是为了头部基金自研，小机构一般没有实力强的队伍去做自研，因此涉及的服务商数量不会太大。目前，云原生的监管规则已经相对完善，但实际上供应商也不是很多，因为他们需要满足严格的准入门槛。此外，从 SOA（面向服务的架构）到网格技术再到云原生，松耦合的组件都有着严格的标准。然而，松耦合和云原生的应用也伴随着一些挑战，包括运维和保护、保障松耦合和云原生架构的稳定性等。

Q6 : 贵公司在近期也推出了大语言模型，例如 WarrenQ、LightGPT。您认为大语言模型的应用和过往的模型相比，存在哪些新的风险？又应如何解决？

A : 大模型的训练数据来源包括公开数据集、用户生成的数据、合作伙伴提供的数据和内部数据。大模型使用外部数据进行训练，可能导致训练结果不可控，需要谨慎处理外部数据的合规性。大模型运行也可能导致数据流出，引发数据安全问题。为解决这些问题，可以采取私有部署的方法，加强中间层的控制，以确保数据的流动可控，从而提高数据的安全性。

Q7：贵公司打造了不少低延时的策略开发平台、交易系统等，有利于算法交易的高效执行，但同时微小的差错也会让损失迅速扩大。请问贵公司在这方面如何做到预警？

A：这不仅是速度问题和技术问题，资金量、成交量同样会造成系统偏差。即使系统没有应用金融科技，这些问题同样可能会发生。因此，这个问题目前尚无明确的定论。

Q8：大模型、数字人能否有效降低风险，提高投资者的决策效率？

A：目前来看，中国并不是一个理想化的试验市场，存在机构和个人间机会不平衡等问题。最能发挥大模型和数字人真正效力的场景是私人银行的投资顾问。究其原因，私人银行拥有更多的私人信息数据，而数字人的普及有助于收集更多的公开数据，大模型能够结合二者给予客户最优决策的建议。但这两类技术的根本目的并不是让客户赚钱，获得超额收益率，而是让市场上的投资者更加理性地投资，构建波动性低、稳定性强的收益模式，从而提高市场整体的理性程度。

数字化金融信息服务商

Q1：请问与其他数字化金融信息服务商、证券公司自主搭建的证券信息服务与交易平台相比，贵公司有何优势？

A： 有公司较早实现国产化，自主可控性强，其风控系统最核心的部分在于能够得知多家银行客户的黑名单；另一些公司有行业深度，能形成与客户的长期绑定，主要做后台柜台、账户管理、清算等 B 端业务；另外，还有一些从科技公司起家的服务商，已经向金融转型，硬件平台结合比较好，拥有金融牌照。

　　相比之下，我司是典型的科技公司，更聚焦个人投资者数字化金融信息服务，能与其他服务商形成差异化竞争优势。我司从 1997 年开始做网上交易系统，2003 年开始做手机端股票买卖，在前期形成的品牌积累和技术积累比较好。目前证券公司很多系统都是由我司提供的。此外，公司所在地的金融科技民企较多，我司比其他金融信息服务商更贴近金融业务，拥有地域优势和业务优势。

Q2：在贵公司确立优势的过程中，金融科技发挥了怎样的作用？

A： 我司在金融科技领域具有明显的优势，主要体现在 To B（面向企业）和 To C（面向客户）的交互形式中产生新的产品和新的交互形式。首先，我司一直提供行业前沿、广泛的金融产品。其次，从技术角度来看，还建立了 AI 开放平台，利用声纹识别、语义解析、图像 AIGC 等技术，搭建了强大的数据库，并为多个行业提供解决方案。例如，"i 问财"金融搜索引擎等产品，都展现了我司在技术领域的成果。

Q3：请问贵公司在面对不同类型的客户时，如何利用数字技术为他们提供市场信息和决策建议？

　A：我司在 B 端和 C 端领域拥有技术和产品优势。在 B 端，嵌入高质量的产品，有助于机构投资者高效地获取舆情和研报等信息。同时，在 C 端，运用特定算法来打造产品以满足用户的需求，整理和提炼非结构化信息。深度学习和算法能够分析出适合特定用户的推送内容，自动信息处理有助于挖掘用户需求。这些技术和产品优势使得我司能为用户提供个性化的金融服务。

Q4：从第三方证券信息服务与交易平台的视角，您认为金融科技与金融风险之间存在哪些内在联系？可能存在哪些风险？

　A：新的科技发展伴随着潜在的风险，因为政策制定往往滞后于科技进步。在 B 端领域，风险相对较小，而在 C 端领域，风险较大，因此该行业内的公司通常会选择做 B 端的业务以规避初期的风险。对于 B 端业务而言，我司主要提供系统，因此风险相对较低。目前，C 端业务受到市场行情波动的影响较大，我司还缺少相关牌照，这可能会增加一定的风险。另外，获得牌照可能导致与现有客户（如大型证券公司）产生竞争关系，从而可能中断交易，这涉及行业内与大多数客户的联系，需要我司认真考虑和应对，以降低潜在风险。

Q5：请问贵公司在应用智能投资顾问后，投资者收益率提高了多少？

　A：应用智能投资顾问的主要目标是辅助和帮助那些收益较低的个人散户提高其投资收益率，而不是解决那些本来已经拥有很高资金量的用户如何进一步提高资金收益的问题。

数字技术公司

Q1：贵公司在帮助金融机构进行数字化转型的进程中发挥了哪些作用？

A：我司以核心技术平台"流立方"为基础，致力于实时智能数据处理，处理高并发流式数据，快速识别风险和发掘数据价值，合作伙伴涵盖超过 80% 的大型银行和政企单位。服务领域包括智慧金融（占总业务量的 70% 以上，主要来自工作业务，客户需求广泛、付费能力强）、网络安全、信息通信和交通运输。我司未来的战略目标是占领全球技术制高点，打破国际厂商垄断，创造下一代数据处理基础设施。此外，公司与互联网金融、信用卡、个人金融、风控和运营管理部门拓展合作。自 2017 年起，我司便开始专注于软件平台和智能化模型的研发，拥有超过 15% 的科研人员比例，并与 300 多家客户合作，几乎覆盖了所有大型金融机构。许多银行的风险模型底座基于我司的技术，例如，与银联的合作将"流立方"的因子从十几个扩展到二十多个。

Q2：请详细介绍贵公司的核心产品及其原理。

A：我司的核心产品包括"流立方""图立方"和"算立方"，这些技术处于国际领先水平，通过实时智能处理技术突破高并发情况下低延时处理的技术瓶颈，为客户提供高效的数据分析和知识生成服务。我司的理论基础是实时处理"热数据"，以实现数据价值的最大化，同时也通过分批处理"温数据"和"冷数据"，依靠历史数据挖掘知识规律，并建立了一个知识生成平台，能够对历史上的反常行为进行时序追踪和时序中间态分析，避免重复计算。但在最终态计算和大部分重算方面的效率可能稍低。

Q3 : 请详细介绍"流立方"这种模式及其运行机制。与其他模式相比，它具有哪些特点与优势？

A : 实时数据处理对于未来的数据处理至关重要，因为"热数据"将占数据的 95% 以上。"热数据"以时序事件驱动，具有毫秒级迟滞性。为了充分发挥"热数据"的价值，必须实现快速的数据感知、处理、传递、分析、存储，以支持决策和监控。而"流立方"是一种软件平台，通过嵌入流处理引擎，类似于水流中的隔断，按照时间顺序将数据切片并实时分析，最终生成可计算的数据立方体模型。它采用"时序中间态"理念，重组和增量拼接时间序列，旨在实现智能决策和时效性。"流立方"产品具有低延时、高吞吐和高可扩展性的特点。相较于其他竞争产品，它将数据处理时间限制在毫秒级别。"流立方"内置了 20 多种复杂算子，为多领域的实时应用提供内建支持，满足金融机构对实时风险控制的需求。

Q4 : 诸如"流立方"这种大数据实时处理技术有哪些应用维度？

A : 大数据实时处理主要应用于五个关键领域。一是实时风险控制，针对信贷申请中的反欺诈，借助客户近一两年的交易数据进行分析。二是实时客户经营和实时营销，包括监测客户资产变动和客户经理的行为变动。三是网络安全，用于实时网络攻防。四是审计处理。五是提升客户的体验与服务，例如给征信良好的客户提供最佳和最敏捷的体验。这些应用领域的横向扩展非常容易，只需更换相应的模型，就可以从一个行业扩展到另一个行业，这正是大数据处理技术的优势之一。

Q5：从第三方金融风控的视角出发，您认为数字技术与金融风险之间存在哪些内在联系？

A：以国有银行为例，其多元业务结构和巨额年营收存在潜在金融风险。这些银行必须面对每日统一清算只能在晚上进行的挑战，这可能导致既定损失难以追回。因此，数字技术的应用成为解决之道。我司基于智能决策平台和"流立方"技术，为国有银行构建全行级智能反欺诈平台。这一平台能够实时监测、同步决策，有效处置高阶风险产品，从而提高银行的风险防范和处理效率。然而，金融机构的数据处理和风险控制技术体系不应该过于依赖单一系统或公司，这可能带来系统性风险。

Q6：请问目前有哪些具体的技术应用案例？数字技术在其中发挥了多大的作用？

A：总的来说，我司聚焦数字技术赋能金融业，在多个领域取得了显著成果，并积累了大量的专利技术和客户基础。在金融领域的风控、网络安全和数据处理方面具备竞争力，并与其他领域的企业和机构建立了战略合作关系。目前市面上已经落地的应用案例有：

（1）某网站在 2018 年春运期间每天面临着处理 1500 亿次请求的压力，但在我司的技术助力下，其能在 1 毫秒内计算过去 14 天的访问行为，有效缓解了服务器的运作压力。

（2）移动公司针对反电信诈骗定制了一项名为"绿色计算"的技术，该技术具有低硬件要求，通过优化软件算法实现了低耗能、占用空间小、低延时计算。

　　（3）商业银行能应用金融科技强化客户的实时经营能力。例如，某家银行应用金融科技进行实时营销、金融机构的网络安全攻防、审计以及用户体验经营；另一家银行应用金融科技识别优良客户，并提供优质的客户服务。

　　我司在未来发展方面打算降低金融机构客户的占比，考虑拓展新的业务领域，例如舆情监测和抵押质押资产的实时监测等。

互联网银行

Q1：贵公司是如何运用金融科技来助力服务小微金融的？

　A：我司致力于开发人工智能驱动的小微金融新模式，采用了云原生、人工智能、卫星遥感、知识工场、数据驱动等先进技术，在过去的 7 年里，成功为超过 4900 万名小微用户提供了服务。新模式涵盖了多个小微金融领域，包括电商场景金融、小店和码商金融、农村普惠金融、企业金融和卡车司机金融。此外，我司的人工智能服务模式还涉及供应链、制造业、建筑工程、科创等行业的金融应用。在实现乡村振兴方面，该新模式采用了数据和智能的双重驱动，使用了"大山雀""大雁""百灵"等技术和工具。

Q2：请问贵公司面临的市场竞争和增长点是怎样的？

　A：感知、认知、交互、决策等深入产业的知识工程是金融行业未来 10 年最大的发展机会，而行业画像、产业知识图谱、融入产业知识升级、企业经营关系预测等也是我司未来重点的应用场景和竞争力。

　　我司的金融信用成长业务主要针对小微企业、个体工商户、小微企业主和农业经营者。该业务以短期、频繁、快速的特点满足客户的融资需求，并具备以下优势：①高授信额度。为客户提供较高的授信额度，满足他们较大规模的融资需求。②低贷款定价。通过优惠的贷款定价，帮助客户降低借款成本，提高资金利用效率。③便捷的申请流程。简化了贷款申请流程，使客户能够更加便捷地申请贷款。

　　然而，我司也面临着一些竞争挑战：①吸收存款困难。因为相比于传统银行，小微客户的资金来源成本较高，主要依赖信托等渠道，利率通常较高（超过 5%）。②还款能力和意愿评估困难。需要准确评估小微客户的还款能力和意愿。

Q3：贵公司绿色金融实践进展如何？

A：绿色金融是指在金融活动中引入环保和可持续发展的理念，促进绿色经济的发展和环境保护。我司的绿色金融主要应用于小微企业领域。例如，通过推动小微企业实施绿色经营，减轻环境污染、节约资源，以及生产和销售绿色产品，实现绿色收入的增加。此外，大数据分析覆盖了 2200 万家小微企业，拥有 100 亿条绿色数据，为客户提供线上绿色评价。我司还推动小微企业绿色供应链金融的发展，通过对供应链中的环境和社会责任的评估，为符合绿色标准的企业提供金融支持。

Q4：请问金融科技在普惠金融方面发挥了哪些作用？

A：科技创新为普惠金融带来了多种技术手段，例如移动支付、数字身份认证、区块链等，这些技术可以提高金融服务的便利性和效率。银行与金融科技平台公司优势互补，共同提供更广泛的金融服务，包括小额贷款、小微企业融资等，实现普惠金融的目标，具体包括：

（1）打破技术和信息垄断。科技的发展使得传统金融机构和新兴科技公司都能够参与普惠金融，降低了技术和信息的垄断程度，为更多的经济主体提供平等的机会。

（2）数据赋能。科技创新提高了数据的采集、分析和利用能力，可以提供更准确的数据支持，辅助普惠金融机构进行风险评估、授信决策等，提高服务的质量和准确性。

（3）促进数字化转型。数字化金融服务不仅是普惠金融的手段，也对经济主体的数字化转型起到了助力作用。通过数字金融服务，企业可以提高生产效率，开拓市场，降低交易成本。

证券公司

Q1：贵公司对浙江打造数字金融先行省和杭州打造全球数字金融中心有何建议？

 A：第一，要搭建具有特色的数智化金融平台，探索构建"金融大脑"，形成"平台＋大脑＋场景应用"的体制机制。这就必须做到"打通"与"集成"。一方面，需横向集成各类金融服务平台；另一方面，要纵向打通省、市、县三级平台，真正实现应用集成、技术共享。第二，需要充分释放数据价值。统筹规划大数据中心、算力中心等基础设施的建设，避免重复或无效投入。同时，从顶层开始全面统筹数据贯通与应用，最大限度地打破数据孤岛困境，充分挖掘并释放数据价值。第三，充分发挥互联网之都的优势。借助互联网平台的技术优势，加强与国内外其他地区和组织的合作，促进数字金融资源的共享和优化配置，助力杭州建设全球数字金融中心。第四，重视数字化专业人才的培养。数字金融之争很大程度上是人才之争，打造数字金融先行省和全球数字金融中心需要大量数字化人才，为数字金融发展提供坚实的智力保障。

Q2：请问贵公司是如何利用数字技术分析行情，再根据不同用户的类型与特点，为他们提供市场信息和决策建议的？在提供服务的过程中，数字技术起到了哪些作用？

 A：针对零售客户，从客户的年龄阶层、资产等级、产品偏好、风险偏好等维度着手进行客户画像的重塑。根据客户不同的行为标签，千人千面精准推送不同的会员服务、投资顾问服务、理财产品、新闻资讯等，还为具有不同资金理财需求的客户提供融资融券等信用服务。同时，我司还将客户行为标签体系、数据分析系统等与客户经理的"展业宝"应用打通，以便客户经理更好地为中高端客户提供一站式理财陪伴服务，真正做到以精细化、个性化为目标导向，全面推进财富管理转型。此外，通过数字零售服务体系的搭建，形成各零售业务运营系统、用户行为分析系统、客户画像系统、产品中心系统、精准营销系统等，全面保障零售业务标准化与精细化的融合发展。

针对机构客户，我司借助技术团队的力量研发了极速交易系统，优化金融数据服务，打造以交易为核心的机构增值服务生态网络，为机构客户提供投资量化工具。对于产业金融，持续推进机构一体化平台建设，助力投资交易、增减持、股权激励、特定股份管理等服务不断向科学化、专业化方向发展，进而驱动公司在机构业务上实现规模、利润双增长。对于投融资，通过研发完整的数字投行体系，助力投行展业人员更好地服务待上市企业，为机构客户提供更加专业高效的 IPO 服务。

Q3：在帮助用户选择产品和进行风险防控时，最看重哪些信息指标？与用户所重视的信息维度是否高度重合？还是能够形成有益补充？在此过程中，金融科技起到了怎样的作用？

A：从证券公司的角度，在帮助客户选择产品和进行风险防控时，我司会高度重视客户的适当性指标，例如客户的投资年限、资产等级、投资标的、最低风险承受能力等。通过风险测评获取客户的风险承受能力等级（C1—C5），与证券各类业务风险等级（R1—R5）进行一一匹配，为客户提供合适的产品与服务。

从用户的角度，我司可能更关注投资回报、风险控制、投资策略等指标。用户通常会关注投资的收益情况，寻找那些回报率较高的投资机会。同时，用户也重视风险控制，寻找那些风险较低的投资机会，并判断投资策略的可行性与实施效果。

公司重视的指标与用户关注的指标形成有益补充，金融科技平台的建设满足了用户在投资过程中的数据查询与交易操作需求，为用户提供了多样化的财务指标、市场指标、投资者情绪指标、风险指标、宏观经济指标、政策信息、新闻公告等数据。金融科技的应用使得投资者可以更加直观地了解投资品种的基本情况、历史表现以及潜在风险，能够帮助投资者更好地理解投资机会和风险。另外，金融科技使得交易过程更加高效和便捷，提高了投资效率。这些都对证券投资者的投资决策和风险防控具有重要意义。

Q4： 能否详细介绍一下贵公司是如何依托多电商的区位优势，利用金融科技，通过"政府 + 商家 + 农户"的模式来参与扶贫行动的？

A： 一方面，公司积极把握科创板、北京证券交易所（以下简称北交所）业务机遇，聚焦专精特新企业，全面开展对接走访、业务专题培训、政策宣导等活动，积极开拓科创板业务。目前，公司已在北交所保荐多家公司上市，在审的也有多家。同时，围绕省委、省政府的建设战略，公司协同资产管理子公司及其合作子基金，加强政府产业基金对接，与多家上市公司合作设立产业基金，围绕其产业链进行深度投资，广泛引导社会资金向实体部门倾斜，已累计带动社会资金超过300亿元。另一方面，公司连续6年实施涉农帮扶，运用期货子公司的期货工具优势，累计开展了 331 个"保险 + 期货"项目，保障农产品货值超过 85 亿元，承保现货量 200 多万吨，实现赔付超 2.2 亿元。此外，期货子公司还积极走向省外助力"三农"，在省外某乡县开展"保险 + 期货"玉米收入保险项目。

Q5：从证券公司的角度，您认为金融科技与金融业务之间存在哪些内在联系？金融科技又存在哪些可能的风险？

A：金融科技与金融业务之间有以下的内在联系：第一，金融科技提高了业务效率。金融科技的应用使得证券公司可以更快速、准确地处理交易，提供更优质的服务，这同时也降低了运营成本。第二，金融科技提供了更广阔的服务范围。借助金融科技，证券公司可以突破地域限制，为全球范围内的客户提供服务。第三，金融科技改善了客户体验。通过移动应用、人工智能等手段，金融科技提供了更个性化的服务，使得客户可以更方便快捷地获取信息，提高客户满意度。

同时，存在如下可能的风险：第一，数据安全风险。随着金融科技的发展，大量的客户数据和交易信息成为潜在的目标。黑客攻击、数据泄露等风险加大。第二，技术风险。金融科技依赖于复杂的技术和算法，如果技术出现故障或算法有误，那么可能会对整个金融系统造成影响。第三，监管风险。金融科技的快速发展往往会造成一定的监管空白。同时，对金融科技的监管政策也可能会对业务产生影响。第四，竞争风险。金融科技领域的竞争激烈，新技术和新服务模式都有可能改变市场形势。对于证券公司来说，如何保持竞争力是一大挑战。第五，法律风险。在某些情况下，金融科技的创新可能触碰到法律的边界。如果对新法规的理解和执行不到位，可能会引发法律风险。

Q6：贵公司为什么要采用分布式数据库技术？它与普通数据库相比有哪些优势？

A：原生分布式数据库具备高可用、高扩展的特点，支持按需增加节点，并且节点没有数量限制。各个节点具有对等性，数据库的读写性能一般随着节点数量的增加而提升。公司选择原生分布式数据库的原因，主要是看到分布式数据库是未来的发展方向：一是可以解决核心业务系统对数据库的高可用性、高性能和高可扩展性的要求；二是分布式数据库对硬件的性能要求相对较低，容易支持自主可控的服务器。相较于传统数据库，分布式数据库提供了一个 Oracle 数据库认证专家（OCP）来实现集群的安装部署、在线升级、负载查看、慢 SQL 统计等，除了 OceanBase 备集群的故障切换操作需要数据库管理员（DBA）手动操作，其余都可以通过 OCP 来实现高效运维，大大提升了系统运维效率。OCP 的慢 SQL 统计能力，给敏捷开发带来了方便。从前在 Oracle 上需要 DBA 运用专门工具才能了解系统的慢 SQL，协作效率低；而现在开发人员能直接通过 OCP 快速了解慢 SQL，开发响应效率得到了极大的提升。

Q7：贵公司开发的新数字金融产品（如智能客服、智能选股、智能盯盘等），对公司发展能产生哪些影响？

A：智能化产品的应用水平本质上代表了公司的线上服务覆盖水平。金融企业素有客户分群服务的传统，其中，中高净值客户有客户经理专人服务，而长尾客户常常得不到较好的专人服务。对于客户来讲，智能化产品理论上可覆盖公司所有客户，有助于解决长尾客户服务问题。

客户在 App 上稍作点击即可获得自己想要的答案，例如智能选股服务，该服务本身包含主题选股、形态选股、指标选股、业绩选股等多个应用入口，也支持客户以口语化问句的方式一键式选股，通过自然语义解析技术将选股条件标准化，匹配所有应用数据库，最终输出选股结果。对于公司来讲，长尾客户服务问题的解决代表了人力成本的节省，也代表了公司客户服务体系的完整性建设。理想的情况下，公司不断推出或升级高质量智能化产品，提高长尾客户向高净值客户的转化率，能进一步增加公司经纪业务收入、提高公司口碑，吸引更多客户开户，最终形成正向闭环。这也是我司 App 平台上线智能化产品的初衷和长期规划。

商业银行

Q1：贵公司在小微领域有哪些实践案例，金融科技在其中发挥了什么作用？

A：我司采用了"小法人，大平台"的体系，全系统不良贷款率为0.89%，小微企业贷款总额达到接近2万亿元，显示出我司在风险控制方面表现良好，并积极支持小微企业。在线上交易方面，日交易量峰值达到1.5亿元。此外，该部门拥有超过1500亿条数据和3000台大数据算力，并在IT全生命周期的17个阶段进行数字化转型。

我司的科技服务部提供政务云和数据云等科技服务。以数据云为例，金融科技极大地赋能了数据服务平台。过去，农村信用社只提供标准化的数据服务，各行社需要自行开发个性化的数据服务。而数据云则为各行社提供了不同种类的数据服务，更具灵活性、个性化。这是第四类数据服务，意味着各行社可以实时获取最新的数据，即T+0数据。我司数字普惠大脑的服务对象为小微企业和个体工商户，比如"云T+0"数据向其他商业银行开放，使得其他商业银行能够提供更精细的标签服务，通过数字平台的赋能，实现了网格化管理，一个客户经理可以服务更多的客户，从300—400户增加到1000户，这样可以在扩大服务范围的同时降低成本。

公司还提供多种线上产品，包括授信服务。授信期间的长度取决于客户需求，面向企业客户的流动资金需求，最长授信期限为3年，包括对公贷款、小微专车贷款、信用贷款以及纯线上产品"随心花"

等产品，线下向线上转化率达到 7.8%。此外，支付产品包括二维码支付和银行机构支付结算。

Q2：贵公司在金融科技的实践中是否有存在的风险和发现相应的风控方法？

A： 金融科技在发展过程中存在一些风险点，包括挤兑风险和流动性风险增加，为了应对这些风险，需要加强头寸监控和风险管理措施。我司的规模较小，即使发生挤兑事件，其风险还是在可控范围内的。省县协作数据云和数据协作服务模式是风险防控的有效方法之一，如与其他农村信用社省（自治区、直辖市）联合社签订了合作协议。

Q3：贵公司如何看待数字金融先行省建设？如何评估数字技术发挥的作用？

A： 数字金融被认为是金融发展的重要方向，但在实际应用中仍需关注数据的质量、风险评估和经营效率等方面的问题：①评估中可能会考虑数字金融相关企业的市值、收入和市场表现等指标，以判断它们是否适合上市。②数字技术在降低不良贷款率方面可能存在样本偏误，在评估过程中需要更加准确地考虑实际的情况。③数字技术可以提高金融机构的经营效率，但在风险达到一定程度时，仍然需要信贷员线下搜集数据（如电费、缴税等），并对线上线下数据进行匹配，以更好地评估风险。④纯线上贷款模式需要依赖高质量的数据，确保评估和决策的准确性。

数据服务供应商

Q1：请问贵公司在数据服务行业中的竞争优势是什么？

　A：我司的定位是为客户提供全流程可信数据技术的服务商，业务涵盖了金融、政务、司法等多方位领域。我司的优势是有稳固的数据基础设施、专业的银行业务团队（目前，我司研发人员比例超过 70%）、充足的资金投入、各部门领导的重视。我司有很多与政府部门的合作项目，例如，为省金融综合服务平台、大数据交易中心等提供底层技术。公司在享受政策扶持的同时，也努力成为省内数字化建设的先行者和主力军。

Q2：请问数据要素是如何实现定价的？数字金融的服务模式是怎么样的？

　A：数据要素交易的定价主要通过审计和估值来衡量。目前影响定价的因素主要有四个方面：合规性、关联性、唯一性、实时性。这四点决定了数据基础设施和数据服务的质量。从我司的业务角度来看，数字金融可以拆分成数据、系统、服务三个维度来分析。对于金融综合服务平台，我司主要负责提供数据；对于银行等金融机构，我司负责提供功能完善的系统；对于企业来说，我司主要提供有针对性的产品和服务。

Q3：请问未来数据服务的发展趋势是怎样的？

　A：一方面，在数据服务行业中的大科技公司，为了保证自身的技术优势，会不断加大对新技术的投入，去开拓数字技术、金融科技新的增长点，为打造未来行业高地做好准备。另一方面，本行业的技术门槛在降低，未来会有更多的主体能够参与到数据服务和数字技术的研发中，但要想成为产业链上的一环，需要新进者对业务、技术有更加深刻的认知和理解。总的来说，数字金融发展主要经历"以技术为主—以业务为主—以标准为主"的转变。随着技术优势在行业中的不断弱化，如何巩固和拓展自身的业务，前瞻布局以满足未来的行业标准，都是我司数据服务商需要认真考虑的问题。

Q4：请问贵公司的技术或产品是如何响应国家政策的需要的？

A：我司有很多的技术和产品是以助力数字中国建设为目标的。例如，"星火·链网"骨干节点，满足了数字中国建设的公共数据需要；"氚平台"满足了国有数据平台的数字治理能力的需要；金综链、天枢链满足了数字服务实体经济、防范系统性风险的需要；授权运营公共数据和社会数据融合方案满足了数据要素市场化配置改革的需要；保全网、保全链满足了各部门的司法应用场景需要。

Q5：请问省金融综合服务平台发挥了哪些作用？贵公司为平台提供了哪些技术支持？

A：政府主导的金融综合服务平台主要存在一些问题：在政府侧，部门之间存在数据孤岛，无法实现政府多部门间数据的整合、治理、清洗，导致政务数据面向金融场景应用的开放程度有所欠缺，银行在信贷流程中不能用、不敢用相关政务数据；在金融机构侧，存在信息不对称问题，小微企业数据分散、数据源少、数据鲜活度不够、数据采购成本较高、数据质量无法保证；在小微企业侧，存在融资难、融资贵、融资时间长、手续繁杂等问题。面对这些问题，公司主要为金融综合服务平台提供了相应的技术支持。首先，公司基于可信数据服务，为平台建设行业性数据中台和专业化数据治理体系，在安全可信的前提下充分分享政务数据信息，解决好银行不敢贷的问题。其次，协助金融监管部门对接发改、生态环境、自然资源、卫健、法院、市场监管等 50 余个政府部门，通过可信数据服务联通数据孤岛，构建多跨场景应用，助力重塑信贷流程，解决"贷得慢"问题。最后，为金融综合服务平台建设供需对接模块，既保障了数据信息安全，又强化了用户需求的挖掘，企业可以通过平台实现银企供需对接，精准匹配目标融资产品及银行，解决企业"贷不到"的问题。

Q6：请问贵公司在其他领域有哪些数字技术应用案例？

A：互联网公证处是在法治轨道上推进数字治理的成果之一。随着大数据时代的来临，一方面，传统公证处面临部分公证能力缺失的困境；另一方面，互联网知识产权侵权行为的高发也为公证处带来新的业务挑战。我司作为简证平台联合运营合作方及技术支持方，协助某市级互联网公证处提供在线存证、在线出证等一站式知识产权保护服务。这是公司以可信数据技术助力公证行业数字化转型和升级、赋能司法现代化建设的一次重要实践。

大型国有商业银行

Q1：请问数字人民币的定位是怎么样的？有哪些特点？

A： 我国的数字人民币在 2016 年开始研发，并在 2019 年开展试点。数字人民币是基础金融设施，是作为现行支付体系的一种补充。综合来看，数字人民币目前处于现金和账户两不管地带，应该算是一种特殊的 M0 货币，具备现金、账户的性质。数字人民币在未来也有可能转化为可放贷资金，让商业银行通过信贷途径生息，但这还需要法律法规的明确规定。

数字人民币有几大特点：首先，它不同于其他数字货币，是以人民银行为中心，由几家商业银行共同发行，具备中心化和二元发行结构的特点。其次，数字人民币采用备用金发行，类似港币发钞的形式。再次，目前零售型的数字货币是主流，银行间批发型的数字货币还在进一步探索，最主要的问题是数字货币体系和原本的账户体系有一定区别，支付体系还不够完善。最后，数字人民币还有一大特色是特定场景和智能合约的结合，比如在财政转移支付中，政府部门可以将资金定向发放到特定的账户中，并通过智能合约来规范和管理资金的定向使用。

Q2：请问数字人民币发挥了哪些作用？

A： 数字人民币的发行目的是扩大人民币的覆盖面、提升渗透率。此外，数字人民币也被广泛应用在跨境支付中。如果数字人民币成功"上桥"，就能实现全链路使用数字人民币，降低人民币跨境汇款的清算结算费用，实现自动汇兑，提高时效性。另外，数字人民币能够支持离线支付模式，包括单离线和双离线两种。单离线指只需一方联网即可完成支付，而双离线则不需要通过手机应用程序，通过设备即可完成支付。一旦业务规范得到解决，数字人民币离线支付模式可以大规模普及。

Q3：请问在推广数字人民币的过程中存在哪些阻力？

 A：首先，从用户角度来看，目前大多用户可能不愿意改变原有的支付习惯，数字人民币的体验效果还不够好，还只能作为一种小众支付的补充选项。其次，从 B 端来看，数字人民币虽然具备实时到账和零费率的优点，但还存在一些挑战，如缺乏生态和流量。再次，对于中间服务商，数字人民币零费率的特点会使他们可能无法从数字支付中获取利润；而对于平台服务商，他们无法完全满足线下商户的需求，还需要增加成本和建设设施，数字人民币在短期内可能会受到这类平台的反对。最后，商业银行在数字人民币支付中的应用场景相对较少，目前推广还比较困难。通过行政强制推广可能并不是一个很好的选择，还需要更多的实践和经验去推广商业化、市场化的解决方案。

Q4：请问目前商业银行在数字化经营方面存在哪些困难？

 A：目前国有大行在数字化经营上面临的困难主要体现在经营结构和部门合作方面。由于自身的体量大，层级结构不如股份制商业银行那么灵活；而在技术方面，部门数量众多，部门之间的技术割裂使得各部门的数字化经营很难统筹合作。另外，与支付宝和微信支付等数字支付平台相比，银行系统的数字化经营还缺乏良好的生态系统，比如淘宝商家能通过保付代理，提前获得货款，商业银行在这一方面存在一定的不足。此外，普惠贷款往往需要进行线下调查，这也是一个挑战。

致　谢

　　金融业作为我们日常生活中涉及最广泛的产业之一，它无时不在、无处不有。互联网的广泛运用与数字经济时代的到来，改变了传统金融业务的发展模式，重塑了传统金融领域的结构形态。本书写作的初衷正在于此，我们通过实地调研访谈，在充分了解主要数字技术的发展情况、传统金融机构应用的基础之上，试图系统性地展示数字技术对金融业内不同实践领域的重塑与赋能作用。课题组在前期调研与中期写作的过程中，仰赖各机构的无私帮助。

　　感谢金融实务界对课题组不遗余力的帮助，特别是邦盛科技、杭州银行、恒生电子、连连支付、趣链科技、同花顺、网商银行、永安期货、永赢基金、友邦人寿、浙江省金融综合服务平台、浙商证券（按音序排列）等多家企业或机构为本书写作提供的典型案例资料。

　　感谢参与调研和写作的人员的辛勤付出，感谢陈彦米、李家映、林思慧、林溪、林誉、施腾、谭卓鸿、王帅涛、王哲、张嘉桐（按音序排列）等对本书的卓越贡献。特别感谢林溪、王哲承担了较多的工作任务，他们具有认真负责的态度和较强的执行力。

感谢在商业银行、保险公司、证券公司、基金公司、互联网银行等金融机构亲身经历和感受真实财经世界的金融实务界的朋友们，在我们线上或线下的调研中，他们认真回答了许多问题，为本书的写作提供了许多真知灼见。

本书系"数字社会科学丛书"之一，该丛书已入选国家"十四五"重点出版物规划项目、2022年度国家出版基金资助项目。衷心感谢丛书主编黄先海教授的信任以及浙江大学出版社吴伟伟老师的不断敦促和鼓励。

最后，数字金融作为新兴产业，必然还存在我们尚未涉足的领域，我们也未能揭示它的全部面貌。欢迎大家批评指正！

王义中

2024年4月